경제기사를 읽으면 미래가 보인다

경제기사를 읽으면 미래가 보인다

백미르 지음

다온길

프롤로그

경제기사, 당신의 금융 나침반

어느 날 아침, 커피 한 잔과 함께 펼쳐든 신문에서 눈길을 사로잡는 경제기사를 발견했다. '글로벌 경기 둔화, 주식 시장에 미치는 영향은?'이라는 제목이었다. 기사를 읽으면서 머릿속에 수많은 질문이 떠올랐다. "이 기사가 내 투자 결정에 어떤 영향을 미칠까? 주식 시장의 미래는 어떻게 변할까?"

경제기사는 우리의 일상에 깊숙이 자리잡고 있다. 신문, 인터넷, TV 뉴스를 통해 매일같이 접하는 수많은 경제 뉴스는 단순한 정보 제공을 넘어 우리의 재정적 결정에 큰 영향을 미친다. 그러나 그 많은 정보 속에서 진정으로 중요한 내용을 파악하고 활용하는 것은 쉽지 않다. 경제기사를 읽으면서도 정작 중요한 포인트를 놓치거나 잘못된 해석을 하는 경우가 많다. 이는 경제기사를 단순히 읽는 것만으로는 충분하지 않기 때문이다. 경제기사 속에 숨겨진 의미를 정확히 이해하고, 이를 통해 올바른 투자 결정을 내리는 것이 중요하다.

나는 경제기사를 읽으면서 막막함을 느꼈던 경험이 있다. 한 번은 특정 산업에 대한 긍정적인 기사를 읽고 그 회사의 주식을 매수했지만, 얼마 지나지 않아 주가가 급락하며 큰 손해를 본 적이 있다. 그때 깨달았다. 단순히 표면적인 기사 내용만을 신뢰해서는 안 된다는 것을. 경제기사의 배경, 데이터, 그리고 전문가들의 의견을 종합적으로 분석할 줄 알아야 한다는 것을.

이 책은 경제기사를 보다 깊이 있게 이해하고, 이를 통해 현명한 금융 결정을 내리기 위한 가이드이다. 첫 장에서는 경제기사가 무엇인지, 그 주요 구성 요소와 해석 방법을 다룬다. 이어서 경제기사를 통해 시장을 예측하고, 투자 전략을 세우며, 기업 전략과 정책 변화를 분석하는 방법을 제시한다. 마지막 장에서는 경제기사를 통해 미래를 준비하는 방법을 다룬다.

이제, 경제기사를 통해 우리의 경제적 미래를 어떻게 그려나갈 수 있을지 함께 알아보자. 경제기사는 단순한 정보 전달을 넘어 우리의 금융 나침반이 될 수 있다. 이 책을 통해 경제기사를 올바르게 읽고 해석하여, 성공적인 투자와 재정 관리를 이루어 나가길 바란다.

백미르

프롤로그 _ 경제기사, 당신의 금융 나침반   4

1장
경제기사의 이해

01 경제기사란 무엇인가?   13
02 경제기사의 주요 구성 요소는 무엇인가?   15
03 헤드라인을 어떻게 해석해야 할까?   19
04 경제기사의 출처는 얼마나 신뢰할 수 있을까?   23
05 경제기사의 용어들을 쉽게 이해하려면?   27
06 데이터와 통계가 어떻게 사용되는가?   31
07 경제기사에서 인용된 전문가 의견은 믿을 수 있을까?   35
08 경제기사의 영향을 받는 요인들은 무엇인가?   39

2장
경제기사를 통한 시장 예측

01 경제기사가 시장에 미치는 영향은 무엇인가?   45
02 시장 트렌드는 어떻게 파악할 수 있을까?   48
03 경제 지표가 시장 예측에 어떤 역할을 할까?   51

04 특정 산업에 관한 기사가 시장에 미치는 영향은?　56

05 글로벌 경제 뉴스가 시장에 미치는 영향은?　61

06 경제기사에서 주목해야 할 신호는 무엇인가?　66

07 경제기사와 주가 차트 분석을 어떻게 결합할 수 있을까?　70

08 경제기사를 통해 투자 기회를 발견할 수 있을까?　75

3장

경제기사로 투자 전략 세우기

01 경제기사에서 얻은 정보로 투자 결정을 내릴 수 있을까?　81

02 경제기사에서 기업의 재무 상태를 어떻게 평가할까?　85

03 경제기사를 통해 리스크를 줄이는 방법은?　88

04 경제기사에서 매수와 매도 시점을 찾을 수 있을까?　92

05 경제기사를 바탕으로 포트폴리오를 구성하는 방법은?　96

06 경제기사로 특정 산업의 전망을 알 수 있을까?　99

07 경제기사와 장기 투자 전략은 어떻게 연결될까?　103

08 경제기사로 시장의 전반적인 동향을 어떻게 파악할까?　107

4장 ———————————————————————————————

경제기사로 본 기업 전략

01 경제기사에서 기업의 전략 변화를 읽을 수 있을까?   113

02 기업의 M&A 소식이 주식 시장에 미치는 영향은?   116

03 기업의 재무제표를 경제기사에서 어떻게 해석할까?   119

04 신제품 출시 소식이 기업에 미치는 영향은?   122

05 기업의 해외 진출 소식이 주식에 미치는 영향은?   126

06 경영진 변경 소식이 기업에 미치는 영향은?   129

07 기업의 사회적 책임 활동 소식이 주식 시장에 미치는 영향은?   132

08 경제기사에서 기업의 미래 계획을 어떻게 파악할 수 있을까?   136

5장 ———————————————————————————————

경제기사와 정책 변화

01 경제기사에서 정부의 새로운 정책을 어떻게 파악할까?   141

02 정책 변화가 시장에 미치는 영향은?   144

03 경제기사를 통해 세제 개편을 이해할 수 있을까?   147

04 금리 정책 변화가 시장에 미치는 영향은?   150

05 무역 정책 변화가 기업에 미치는 영향은?   153

06 환경 정책 변화가 특정 산업에 미치는 영향은?   157

07 경제기사에서 규제 변화 소식을 어떻게 활용할 수 있을까?   160

08 정책 변화에 따른 투자 전략은 어떻게 세울까?   163

6장

경제기사로 미래 준비하기

01 경제기사에서 미래 경제 트렌드를 어떻게 예측할 수 있을까?   169

02 기술 혁신이 경제기사에 미치는 영향은?   172

03 경제기사를 통해 인구 통계 변화를 예측할 수 있을까?   176

04 글로벌 경제기사에서 기회를 발견할 수 있을까?   180

05 경제기사에서 부동산 시장 동향을 어떻게 파악할까?   183

06 경제기사에서 새로운 산업 동향을 어떻게 파악할까?   186

07 경제기사에서 위험 신호를 어떻게 식별할 수 있을까?   189

08 경제기사에서 미래를 위한 재무 계획을 세우는 방법은?   192

부록

경제기사에서 자주 쓰이는 용어

창작자 경제 197 | 노동력 부족 197 | 소비자 심리 198 | 국내총생산 198 | 인플레이션 198 | 디플레이션 199 | 금리 199 | 환율 199 | 실업률 200 | 소비자물가지수 200 | 생산자물가지수 200 | 무역수지 201 | 경기순환 201 | 재정정책 201 | 통화정책 202 | 경기부양책 202 | 양적완화 202 | 중앙은행 203 | 금리인상과 인하 203 | 경기침체와 불황 203 | 재정 절벽 204 | 사물인터넷 204 | 글로벌화 205 | 자유무역협정 205 | 보호무역주의 205 | 환율조작국 206 | 무역전쟁 206 | 브렉시트 206 | 국제통화기금 207 | 세계무역기구 207 | 정보통신기술 208 | 전기차와 배터리 산업 208 | 바이오테크놀로지 208 | 스마트시티 209 | 그린에너지와 신재생에너지 209 | 제조업과 스마트 팩토리 210 | 금융 테크놀로지 210 | 기업 인수합병 210 | 경영권 분쟁 211 | 주주총회 211 | 기업 지배구조 212 | 리스크 관리 212 | 기업 공시 212 | SRI 213 | 스타트업과 벤처캐피탈 213 | 빅데이터 213 | 블록체인 214 | 기회비용 214 | 기축통화 215 | 레버리지 215 | 헤어컷 215 | 디커플링 216 | 골디락스 경제 216 | 신데렐라 전략 217 | 바벨 전략 217 | 슬럼프 플레이션 218 | 붉은 여왕 효과 218 | FAST 플랫폼 219 | 캐즘 219

1장

경제기사의 이해

경제기사의 기본 개념과 주요 구성 요소, 헤드라인 해석 방법을 설명한다. 또한 신뢰할 수 있는 출처를 찾는 방법과 경제 용어를 쉽게 이해하는 방법, 데이터와 통계 활용법, 전문가 의견의 신뢰성 평가를 다룬다. 이를 통해 경제기사를 더욱 효과적으로 읽고 분석할 수 있는 기초를 제공한다.

경제기사란 무엇인가?

경제기사는 경제와 관련된 다양한 소식을 전달하는 기사이다. 주로 경제 정책, 금융 시장 동향, 기업 활동, 국제 무역, 노동 시장, 물가 변화 등과 같은 주제를 다룬다. 이러한 기사는 경제 상황을 이해하고 경제적 의사 결정을 내리는 데 도움을 준다.

경제기사는 중요한 경제 정보를 제공하고, 경제적 이해도를 높이는 데 중요한 역할을 한다. 경제 정책, 금융 시장 동향, 기업 활동 등의 최신 정보를 제공하여 경제 상황을 정확히 파악할 수 있도록 돕는다. 이를 통해 현재 경제 환경에서 어떤 일이 벌어지고 있는지 쉽게 알 수 있다.

또한, 복잡한 경제 데이터를 분석하고 해석하여 경제 현상을 쉽게 이해할 수 있도록 한다. 예를 들어, 실업률이 상승했을 때 그 원인과 결과를 명확하게 설명해 준다. 이는 단순히 숫자를 나열하는 것에 그치지 않고, 그 배경과 의미를 설명함으로써 깊이 있는 이해를 돕는다.

경제기사는 정보에 기반한 의사 결정을 내릴 수 있도록 지원하는 역할도 한다. 예를 들어, 투자 결정을 내릴 때 주식 시장 동향을 참고할 수 있다. 이는 유리한 결정을 내리는 데 큰 도움을 준다.

경제적 개념과 원리를 설명하여 경제적 이해도를 높이는 역할도 한다. 예를 들어, 인플레이션의 개념과 그 영향을 설명하는 기사는 경제 원리를 더 잘 이해하고, 이를 실생활에 적용할 수 있게 돕는다. 이러한 교육적인 기능은 경제에 대한 기본 지식을 쌓는 데 중요한 역할을 한다.

사회적 영향 측면에서도 경제적 이슈와 그 사회적 영향을 분석하여 경제와 사회의 상호작용을 이해하는 데 도움을 준다. 예를 들어, 최저임금 인상이 노동 시장에 미치는 영향을 분석하는 기사는 단순히 경제적 변화뿐만 아니라 그 변화가 사회 전반에 미치는 영향을 이해하게 해준다. 이는 경제와 사회를 종합적으로 이해하는 데 중요한 통찰을 제공한다.

이와 같이 경제기사는 정보 제공, 분석과 해석, 의사 결정 지원, 경제 교육, 사회적 영향 분석 등의 역할을 통해 경제 상황을 폭넓고 깊이 있게 이해할 수 있도록 돕는다. 이를 통해 경제적 통찰력을 키우고, 정보에 기반한 현명한 결정을 내릴 수 있게 된다.

경제기사를 읽으면 미래가 보인다

경제기사의
주요 구성 요소는 무엇인가?

경제기사의 주요 구성 요소는 다음과 같다.

1. 경제 정책

경제 정책은 정부나 한국은행이 경제 성장을 촉진하거나 경기 침체를 완화하기 위해 시행하는 다양한 정책을 의미한다. 경제기사는 이러한 정책의 세부 내용과 예상되는 영향을 설명한다. 예를 들어, 한국은행이 기준 금리를 인상하면, 이는 대출 금리 상승으로 이어져 소비와 투자가 줄어들 수 있다. 경제기사는 이러한 메커니즘을 독자들에게 알기 쉽게 설명한다.

2. 금융 시장 동향

금융 시장 동향은 주식, 채권, 외환, 원자재 시장의 움직임을 다룬다.

경제기사는 주가지수의 상승과 하락, 주요 기업의 주가 변동, 금리 변화, 환율* 변동 등을 설명하고, 이러한 변동의 원인과 결과를 분석한

환율(Exchange Rate)
한 국가의 통화가 다른 국가의 통화와 교환되는 비율

다. 예를 들어, 특정 기업의 실적 발표로 인해 주가가 급등하거나 하락하는 이유를 분석하여 독자들에게 전달한다.

3. 기업 활동

기업 활동은 주요 기업의 실적, 인수 합병, 신제품 출시, 경영 전략 등을 포함한다. 경제기사는 기업의 재무제표를 분석하고, 경영진의 인터뷰나 발표를 통해 기업의 현재 상태와 미래 전망을 제시한다. 예를 들어, 삼성전자의 새로운 스마트폰 출시가 시장에 미치는 영향을 분석하는 기사를 작성할 수 있다.

4. 국제 무역

국제 무역 기사는 국가 간의 무역 협정, 수출입 통계, 무역 갈등 등을 다룬다. 이는 글로벌 경제 흐름을 이해하는 데 중요하다. 예를 들어, 미·중 무역 전쟁과 관련된 관세 부과와 그로 인한 경제적 영향을 설명한다. 경제기사는 이러한 국제 무역 이슈가 국내 경제에 미치는 영향을 분석하여 독자들에게 전달한다.

5. 노동 시장

노동 시장 관련 기사는 실업률, 고용 동향, 임금 변화, 노동 정책 등을

다룬다. 경제기사는 실업률이 상승하거나 하락하는 이유와 그 경제적 영향을 분석하고, 정부의 노동 정책 변화를 설명한다. 예를 들어, 최저임금 인상이 고용 시장에 미치는 영향을 분석하여 독자들에게 전달한다.

6. 물가 변화

물가 변화 기사는 소비자 물가 지수CPI, 생산자 물가 지수PPI 등의 지표를 통해 물가 변화를 설명한다. 경제기사는 인플레이션이나 디플레이션의 원인과 결과를 분석하고, 한국은행의 대응 방안을 설명한다. 예를 들어, 인플레이션이 상승하면 생활비가 증가하고, 이는 소비자 지출에 영향을 미친다.

7. 경제 지표 분석

경제 지표 분석은 국내총생산(GDP), 국민총생산*(GNP), 소비자 신뢰 지수*, 산업 생산 지수*, 무역 수지* 등의 지표를 다룬다. 경제기사는 이러한 지표를 통해 경제 상황을 평가하고, 경기 사이클과 시장 신뢰도를 분석한다. 예를 들어, GDP 성장률이 높으면 경제가 활황 상태임을 나타낸다.

국민총생산(GNP, Gross National Product)
일정기간 한 국가의 국민이 벌어들인 총소득을 나타내는 지표

소비자 신뢰 지수(Consumer Confidence Index)
소비자들의 경제 상황에 대한 전반적인 인식과 미래에 대한 기대를 나타내는 지표

산업 생산 지수(Industrial Production Index)
제조업, 광업, 전기/가스/수도 공급업 등 산업 부문의 생산 활동 수준을 나타내는 지표

무역 수지(Trade Balance)
특정기간 한 국가의 수출액과 수입액의 차이를 나타내는 지표

8. 사회적, 정치적 요인

경제기사는 사회적, 정치적 요인도 다룬다. 이는 정치적 불안정, 자연재해, 사회적 갈등 등이 경제에 미치는 영향을 분석한다. 예를 들어, 정치적 불안정이 투자자 신뢰를 저하해 자본 유출을 초래할 수 있다. 경제기사는 이러한 요인이 경제에 미치는 영향을 분석하여 설명한다.

경제기사는 복잡한 경제 정보를 쉽게 이해할 수 있도록 그래프, 도표, 인포그래픽* 등을 활용한다. 예를 들어, 주가 변동 그래프나 실

인포그래픽(Infographic)
정보(Information)와 그래픽(Graphic)의 합성어로, 복잡한 정보를 시각적으로 표현하여 사용자에게 쉽고 효과적으로 전달하는 시각화 기법

업률 추이 도표는 시각적으로 정보를 전달하여 경제 동향을 한눈에 파악할 수 있게 도와준다.

구독자가 경제기사를 읽고 있는 장면

헤드라인을
어떻게 해석해야 할까?

경제기사 헤드라인을 해석하는 것은 경제 상황을 빠르고 정확하게 이해하는 데 매우 중요하다. 헤드라인은 기사의 핵심 내용을 요약하여 전달하는 역할을 한다. 일반 구독자들이 헤드라인을 효과적으로 해석할 수 있도록 다음과 같은 방법을 제안한다.

헤드라인에서 가장 먼저 할 일은 주요 키워드를 파악하는 것이다. 주요 키워드는 기사의 핵심 주제나 내용을 나타내며, 전체 기사에서 중요한 역할을 한다. 예를 들어, "한국은행 기준 금리 인상 결정"이라는 헤드라인에서는 "한국은행", "기준 금리", "인상 결정"이 주요 키워드이다. 이 키워드를 통해 한국은행이 기준 금리를 인상했다는 중요한 경제 정책 변화를 알 수 있다.

헤드라인을 이해하려면 배경지식이 필요하다. 예를 들어, "미국 실업률 5% 돌파"라는 헤드라인을 이해하려면 실업률이 경제에 미치는 영향에 대한 기본적인 지식이 있어야 한다. 실업률이 높아지면 경제가 침체하거나 경기 회복이 지연될 수 있다는 점을 알고 있다면, 이 헤드라인이 의미하는 바를 더 쉽게 이해할 수 있다.

헤드라인의 어조는 그 내용이 긍정적인지 부정적인지를 나타낸다. 예를 들어, "기업 실적 대폭 상승"이라는 헤드라인은 긍정적인 경제 상황을 나타내며, 기업의 실적이 크게 향상되었음을 의미한다. 반면, "소비자 물가 급등"이라는 헤드라인은 부정적인 상황을 나타내며, 물가가 급격히 상승하여 소비자들에게 부담이 될 수 있음을 암시한다.

경제기사 헤드라인에서는 종종 숫자와 통계가 등장한다. 이러한 숫자는 중요한 경제 지표를 나타내며, 그 변동이 경제 상황에 큰 영향을 미친다. 예를 들어, "GDP 성장률 3% 달성"이라는 헤드라인은 한 나라의 경제가 3% 성장했음을 나타낸다. GDP 성장률이 높으면 경제가 활발하게 성장하고 있음을 의미하므로 긍정적인 신호로 해석할 수 있다.

다음은 몇 가지 예제를 통해 헤드라인 해석 방법을 구체적으로 살펴보자.

 예제 1 : 미국 연준, 금리 0.25% 인상

- 주요 키워드 : 미국 연준, 금리, 인상
- 배경지식 : 연방준비제도(Federal Reserve)는 미국의 중앙은행으로, 금리를 조정하여 경제를 조절한다. 금리 인상은 대출 비용을 증가시켜 소비와 투자를 줄이는 효과가 있다.
- 어조 파악 : 금리 인상은 경제 과열을 막으려는 조치로 해석할 수 있다.
- 숫자 이해 : 0.25% 인상은 금리가 0.25%포인트 올랐음을 의미한다. 이는 작은 변화처럼 보일 수 있지만, 경제 전반에 큰 영향을 미칠 수 있다.

예제 2 : 유가 급락, 배럴당 50달러 이하

- 주요 키워드 : 유가, 급락, 배럴당 50달러 이하
- 배경지식 : 유가는 세계 경제에 큰 영향을 미치는 요소 중 하나로, 원유 가격의 변동은 생산 비용과 소비자 가격에 영향을 준다.
- 어조 파악 : 급락은 일반적으로 부정적인 어조를 나타내며, 유가 하락이 경제에 미칠 부정적 영향을 암시한다.
- 숫자 이해 : 배럴당 50달러 이하로 떨어졌다는 것은 유가가 매우 낮은 수준으로 떨어졌음을 의미한다. 이는 산유국 경제에 큰 타격을 줄 수 있다.

예제 3 : 소비자 신뢰 지수 10년 만에 최고치

- 주요 키워드 : 소비자 신뢰 지수, 최고치, 10년 만에
- 배경지식 : 소비자 신뢰 지수는 소비자들이 경제 상황에 대해 얼마나 낙관적인지를 나타내는 지표이다. 지수가 높으면 소비자들이 경제에 대해 긍정적으로 생각하고 있음을 의미한다.
- 어조 파악 : 최고치는 긍정적인 어조를 나타내며, 경제 상황이 좋다는 신호이다.
- 숫자 이해 : 10년 만에 최고치는 지난 10년 동안 가장 높은 수준에 도달했음을 의미한다. 이는 경제가 매우 안정적이거나 성장하고 있음을 시사한다.

기자가 헤드라인을 작성하고 있는 장면

이와 같이, 경제기사 헤드라인을 해석할 때는 주요 키워드를 파악하고, 배경지식을 활용하며, 어조와 숫자를 이해하는 것이 중요하다. 이러한 방법을 통해 경제 상황을 정확히 파악하고, 필요한 정보를 효율적으로 얻을 수 있다.

경제기사의 출처는
얼마나 신뢰할 수 있을까?

경제기사의 출처는 기사의 신뢰성을 판단하는 중요한 요소이다. 신뢰할 수 있는 출처에서 제공된 정보는 경제 상황을 정확하게 이해하는 데 필수적이다. 경제기사 출처의 신뢰성을 평가하는 방법을 다음과 같이 설명한다.

경제기사는 주로 공신력 있는 기관과 전문가들의 정보를 바탕으로 작성된다. 예를 들어, 한국은행, 통계청, 국제통화기금*(IMF), 세계은행(World Bank) 등은 신뢰할 수 있는 경제 데이터를 제공하는 기관이다. 이러한 기관의 데이터는 엄격한 검증 과정을 거쳐 제공되므로 신뢰성이 높다. 전문가들의 분석과 의견도 경제기사에 포함되는데, 이들은 경제학, 금융, 기업 경영 등 각 분야의 전문 지식을 갖춘 사람들이다.

> **국제통화기금**(International Monetary Fund)
> 국제 금융 체제의 안정성을 도모하고, 회원국 경제의 균형 발전을 지원하는 국제기구

예제 : 한국은행, 올해 경제 성장률 2.5% 전망

- 출처 : 한국은행
- 신뢰성 : 한국은행은 국가의 중앙은행으로서 공신력 있는 기관이다. 따라서 이 기관이 제공하는 경제 성장률 전망은 신뢰할 수 있다.

경제기사를 제공하는 언론사의 독립성과 중립성도 신뢰성에 큰 영향을 미친다. 독립적인 언론사는 외부의 압력이나 이해관계로부터 자유롭게 사실을 보도한다. 중립적인 보도는 특정 기업이나 정부의 태도를 대변하지 않고, 객관적인 시각에서 경제 상황을 전달한다.

예제 : 국제유가 하락, 글로벌 경제에 미치는 영향 분석

- 출처 : BBC, 뉴욕타임스
- 신뢰성 : BBC와 뉴욕타임스는 독립적이고 중립적인 보도로 유명한 국제 언론사이다. 이들의 보도는 객관적이고 신뢰할 수 있는 정보로 평가된다.

경제기사는 종종 다양한 데이터와 통계를 인용한다. 이러한 데이터의 출처를 확인하는 것이 중요하다. 신뢰할 수 있는 출처에서 제공된 데이터는 정확하고 검증된 정보를 제공한다. 반면, 출처가 불분명한 데이터는 신뢰성이 떨어질 수 있다.

예제 1 : 최근 실업률 3.8%로 하락

- 출처 : 통계청
- 신뢰성 : 통계청은 국가 공식 통계 기관으로써 제공하는 데이터는 신뢰할 수 있다.

경제기사를 읽으면 미래가 보인다

기사를 작성한 기자나 분석가의 전문성도 중요한 요소이다. 경제기사를 작성하는 기자는 경제학, 경영학, 금융학 등 관련 분야에 대한 깊은 지식을 가지고 있어야 한다. 전문 기자가 작성한 기사는 더욱 신뢰할 수 있다.

예제 : 전문가 인터뷰 : 한국 경제의 미래 전망

- 작성자 : 경제 전문 기자
- 신뢰성 : 경제 전문 기자는 관련 분야의 전문 지식을 바탕으로 기사를 작성하므로 신뢰할 수 있다.

하나의 정보만을 신뢰하기보다는 여러 출처를 교차 검증하는 것이 중요하다. 다양한 출처에서 동일한 정보를 확인할 수 있다면 그 정보의 신뢰성이 높다고 할 수 있다.

예제 1 : 미국 경제 성장률 2분기 3.0% 기록

- 출처 : 블룸버그, 로이터, 월스트리트저널
- 신뢰성 : 여러 신뢰할 수 있는 언론사에서 동일한 정보를 보도하고 있다면, 그 정보의 신뢰성은 높다.

이와 같이 경제기사의 출처는 공신력 있는 기관과 전문가의 정보, 독립적이고 중립적인 언론사, 신뢰할 수 있는 데이터와 통계, 전문 기자의 작성, 교차 검증 등의 요소를 통해 신뢰성을 평가할 수 있다. 이러한 요소들을 고려하여 경제기사의 신뢰성을 판단하면 경제 상황을 더 정확하게 이해할 수 있다.

기자가 전화로 전문가와 인터뷰를 하고 있는 장면

경제기사를 읽으면 미래가 보인다

경제기사의
용어들을 쉽게 이해하려면?

경제기사는 전문 용어와 복잡한 개념이 많이 포함되어 있어 일반 사람들이 이해하기 어려울 수 있다. 그러나 경제기사의 용어들을 쉽게 이해하기 위한 몇 가지 방법을 따르면 경제 상황을 더 잘 파악할 수 있다.

경제기사를 이해하려면 기본적인 경제 용어를 숙지하는 것이 중요하다. 예를 들어, 국내총생산(GDP), 소비자물가지수(CPI), 금리, 인플레이션, 디플레이션 등의 용어를 이해하는 것이 필요하다. 이러한 용어들은 경제기사에서 자주 등장하며, 기본 개념을 알고 있으면 기사를 이해하는 데 큰 도움이 된다.

 예제 : 한국은행, 기준 금리 1.5%로 인상

– 기준 금리 : 한국은행이 상업은행에 대출해 줄 때 적용하는 이자율로, 다른 금리의 기준이 된다.
– 인상 : 금리가 올라가는 것.

경제기사에서는 다양한 약어가 자주 사용된다. 이러한 약어들을 이해하면 기사를 더 빠르게 읽고 이해할 수 있다. 예를 들어, FOMC(연방공개시장위원회), ECB(유럽중앙은행), IMF(국제통화기금) 등의 약어를 알고 있으면 경제기사의 맥락을 더 쉽게 파악할 수 있다.

예제 : FOMC, 금리 동결 결정

- FOMC : 미국 연방준비제도 이사회 산하의 위원회로, 금리 결정 등을 담당한다.
- 동결 : 금리를 그대로 유지하는 것.

경제기사는 다양한 경제 지표를 인용한다. 이러한 지표가 무엇을 의미하는지 이해하면 기사를 더 잘 이해할 수 있다. 예를 들어, 실업률, 소비자 신뢰 지수, 산업 생산 지수 등의 경제 지표가 경제 상황을 어떻게 반영하는지 아는 것이 중요하다.

예제 : 실업률 4.5%로 하락

- 실업률 : 경제 활동 인구 중 실업자의 비율. 실업률이 낮아지면 고용 상황이 좋아지고 있음을 의미한다.
- 하락 : 비율이나 수치가 낮아지는 것.

경제기사를 읽으면서 이해하기 어려운 용어나 개념이 나오면 경제 관련 도서(경제기사를 읽는데 용어를 모른다고, 다온길)나 자료를 참고하는 것이 좋다. 인터넷에서 쉽게 찾을 수 있는 경제 용어 사전이나 경제 관련 웹사이트를 이용하면 용어의 정의와 의미를 쉽게 찾을 수 있다.

예제 : 인플레이션 상승 압력 지속

- 인플레이션 : 물가가 전반적으로, 지속적으로 상승하는 현상.
- 상승 압력 : 물가를 올리는 요인들이 지속적으로 존재하는 것.

같은 주제에 대해 여러 기사를 비교하며 읽으면 용어와 개념을 더 잘 이해할 수 있다. 다양한 시각에서 다룬 기사를 읽으면서 공통으로 사용되는 용어와 개념을 익히는 것이 좋다.

 예제 : 미·중 무역 갈등, 글로벌 경제에 미치는 영향

- 무역 갈등 : 국가 간의 무역 관련 분쟁이나 충돌.
- 글로벌 경제 : 세계 각국의 경제가 서로 영향을 주고받는 상태.

경제 전문가의 해설이나 분석을 듣는 것도 좋은 방법이다. 뉴스나 인터넷 방송에서 경제 전문가들이 쉽게 설명해 주는 내용을 참고하면 이해가 쉬워진다.

 예제 : 전문가 인터뷰 : 금리 인상이 가계에 미치는 영향

- 경제 전문가가 금리 인상의 의미와 그 영향에 대해 쉽게 설명해 준다.

이와 같이 경제기사의 용어들을 쉽게 이해하려면 기본 용어와 약어를 숙지하고, 경제 지표의 의미를 이해하며, 관련 자료를 참고하고, 여러 기사를 비교하며 읽고, 경제 전문가의 설명을 듣는 것이 중요하다. 이러한 방법들을 통해 경제기사의 내용을 더 잘 이해하고 경제 상황을 정확하게 파악할 수 있다.

경제기사에 나오는 용어들을 공부하는 장면

경제기사를 읽으면 미래가 보인다

데이터와 통계가
어떻게 사용되는가?

데이터와 통계는 경제 분석과 예측에 있어 핵심적인 도구이다. 경제학자들은 이러한 데이터를 통해 경제 현상을 분석하고, 미래의 경제 상황을 예측하며, 정책 결정을 내리는 데 도움을 준다.

1. 경제 현상 분석

데이터와 통계는 현재 경제 상황을 분석하는 데 사용된다. 예를 들어, 실업률 데이터는 노동 시장의 건강 상태를 평가하는 데 중요한 지표이다. 실업률이 높다면 경제가 침체하였거나 일자리가 부족하다는 것을 의미한다.

예제 : 실업률 분석

- 데이터 : 정부에서 발표한 월별 실업률 통계
- 경제학자는 실업률 데이터를 분석하여 특정 기간의 고용 동향을 파악한다. 만약 실업률이 지속적으로 상승하고 있다면, 이는 경제가 어려움을 겪고 있음을 나타낼 수 있다.

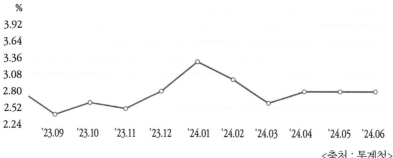

한국 실업률
산업 및 고용

2.80 %   시장 영향력 매우 높음

<출처 : 통계청>

2. 경제 정책 결정

정부와 한국은행은 데이터와 통계를 바탕으로 경제 정책을 결정한다. 예를 들어, 인플레이션율은 한국은행이 금리를 조정하는 데 중요한 기준이 된다. 인플레이션이 너무 높으면 한국은행은 금리를 인상하여 소비와 투자를 억제하고자 한다.

 예제 : 인플레이션율과 금리 결정

- 데이터 : 소비자물가지수(CPI) 통계
- 한국은행은 CPI 데이터를 분석하여 인플레이션율을 평가한다. 만약 인플레이션율이 목표 범위를 벗어나 상승하면, 한국은행은 금리를 인상하여 물가 상승을 억제하려고 할 것이다.

3. 경제 예측

경제학자들은 데이터와 통계를 사용하여 미래의 경제 상황을 예측한다. 예측 모델은 과거 데이터를 기반으로 하여 미래의 경제 지표를 추정

  경제기사를 읽으면 미래가 보인다

하는 데 사용된다. 예를 들어, 경제 성장률 예측은 정부의 재정 정책이나 기업의 투자 결정을 돕는다.

 예제 : 경제 성장률 예측

- 데이터 : GDP 성장률, 소비 지출, 투자 통계
- 경제학자는 이러한 데이터를 사용하여 경제 성장률을 예측하는 모델을 만든다. 모델 은 과거 데이터와 현재 경제 상황을 반영하여 미래의 경제 성장률을 추정한다.

4. 시장 동향 파악

데이터와 통계는 금융 시장의 동향을 파악하는 데도 사용된다. 주식 시장, 채권 시장, 외환 시장 등 다양한 금융 시장에서 데이터는 투자 결정을 내리는 데 중요한 역할을 한다.

 예제 : 주식 시장 분석

- 데이터 : 주가지수, 거래량, 기업 실적 보고서
- 투자자는 주가지수와 거래량 데이터를 분석하여 시장의 동향을 파악한다. 또한, 기 업의 실적 보고서를 통해 특정 기업의 재무 상태와 성장 가능성을 평가한다.

5. 사회적 영향 평가

경제 데이터와 통계는 사회적 영향을 평가하는 데도 사용된다. 예를 들어, 소득 분포 데이터는 사회 불평등의 정도를 평가하는 데 중요한 역할을 한다. 이를 통해 정부는 소득 재분배 정책을 설계할 수 있다.

 예제 : 소득 불평등 분석

- 데이터 : 가계 소득 분포 통계
- 경제학자는 소득 분포 데이터를 분석하여 소득 불평등의 정도를 평가한다. 이를 바탕 으로 정부는 저소득층 지원 정책이나 세제 개편을 통해 불평등을 완화하려고 한다.

데이터와 통계는 경제 분석과 정책 결정에 있어 필수적인 도구이다. 실업률, 인플레이션율, GDP 성장률, 주가지수 등의 데이터는 경제 상황을 분석하고 미래를 예측하며 정책을 결정하는 데 중요한 역할을 한다. 이러한 데이터와 통계를 이해하고 활용함으로써 경제 상황을 더 잘 파악하고 정보에 기반한 결정을 내릴 수 있다.

경제학자들이 데이터와 통계를 활용해 미래의 경제 상황을 예측하는 장면

경제기사를 읽으면 미래가 보인다

07

경제기사에서 인용된
전문가 의견은 믿을 수 있을까?

경제기사에서 인용된 전문가의 의견은 일반 사람들이 경제 상황을 이해하는 데 중요한 역할을 한다. 전문가 의견이 항상 옳거나 신뢰할 수 있는 것은 아니며 신뢰성을 평가하기 위해서는 몇 가지 중요한 요소를 고려해야 한다.

1. 전문가의 배경과 자격 확인하기

전문가의 의견을 신뢰하기 위해서는 그 전문가가 해당 분야에서 충분한 경험과 자격을 갖추고 있는지 확인하는 것이 중요하다. 예를 들어, 경제학 교수나 한국은행 출신의 경제학자는 일반적으로 높은 신뢰성을 갖는다.

 예제 : 한국은행 전 부총재, 금리 인상 필요성 강조

- 전문가 배경 : 한국은행 전 부총재
- 신뢰성 평가 : 한국은행의 고위직을 역임한 경력이 있는 전문가이므로 금리 정책에 대한 깊은 이해와 경험을 갖추고 있다.

2. 의견의 일관성 및 다양한 시각 고려하기

전문가 의견이 일관된 지, 그리고 다양한 시각을 고려하고 있는지 확인하는 것도 중요하다. 여러 전문가들이 비슷한 의견을 제시한다면 그 의견의 신뢰성이 높아진다. 반면, 의견이 극단적으로 다르다면 여러 관점을 비교해 보는 것이 필요하다.

예제 : 세 명의 경제학자, 모두 금리 인상 필요성 주장

- 의견 일관성 : 여러 전문가가 동일한 주장을 하고 있다.
- 신뢰성 평가 : 의견이 일치하는 경우, 해당 의견의 신뢰성이 높아질 수 있다.

3. 데이터와 통계에 근거한 의견인지 확인하기

전문가 의견이 객관적인 데이터와 통계에 근거하고 있는지 확인하는 것이 중요하다. 데이터에 기반한 의견은 신뢰할 수 있지만, 개인적 추측이나 감정에 의한 의견은 신뢰성이 낮다.

예제 : 통계청 자료에 따르면, 인플레이션율이 2%를 초과했기 때문에 금리 인상이 필요하다.

- 의견 일관성 : 여러 전문가가 동일한 주장을 하고 있다.
- 신뢰성 평가 : 의견이 일치하는 경우, 해당 의견의 신뢰성이 높아질 수 있다.

4. 출처의 신뢰성 평가하기

경제기사를 작성한 매체와 그 매체의 신뢰성을 평가하는 것도 중요하다. 공신력 있는 매체에서 인용된 전문가 의견은 더 신뢰할 수 있다.

예제 : 뉴욕타임스, 경제 전문가 인터뷰 보도

- 출처 : 뉴욕타임스와 같은 공신력 있는 매체
- 신뢰성 평가 : 공신력 있는 매체의 보도는 일반적으로 높은 신뢰성을 갖는다.

5. 전문가의 과거 예측 정확성 확인하기

전문가가 과거에 제시한 예측이 얼마나 정확했는지도 평가할 수 있다.
과거 예측이 정확했다면, 현재 의견의 신뢰성도 높다고 볼 수 있다.

 예제 : 지난해 경제 성장률 정확히 예측한 전문가, 올해도 성장률 3% 예상

- 예측 정확성 : 과거 예측이 정확했던 전문가
- 신뢰성 평가 : 과거 예측이 정확했다면 현재 의견의 신뢰성도 높을 수 있다.

경제신문을 보고 있는 독자의 모습

경제기사에서 인용된 전문가 의견은 신뢰할 수 있지만, 이를 맹목적으로 믿기보다는 전문가의 배경과 자격, 의견의 일관성, 데이터와 통계에 근거하는지, 매체의 신뢰성, 과거 예측 정확성 등을 종합적으로 고려하여 평가하는 것이 중요하다. 이러한 요소들을 고려하면 전문가 의견을 더 잘 이해하고, 정보에 기반한 결정을 내릴 수 있다.

08

경제기사의 영향을
받는 요인들은 무엇인가?

경제기사는 다양한 요인에 의해 영향을 받는다. 이러한 요인들을 이해하면 기사의 내용을 더 잘 파악할 수 있다. 또한, 기사의 신뢰성을 평가하는 데 도움이 된다.

1. 경제 정책과 규제

경제 정책과 규제는 경제기사에 큰 영향을 미친다. 정부의 경제 정책 변화나 새로운 규제가 발표되면, 이에 대한 기사가 많이 작성된다. 이러한 기사들은 정책의 배경, 내용, 예상되는 영향을 설명한다.

 예제 : 정부, 부동산 규제 강화 발표

- 영향요인 : 정부의 부동산 정책 변화
- 기사내용 : 새로운 규제의 세부 내용과 부동산 시장에 미치는 영향 설명

2. 국제 경제 상황

국제 경제 상황도 경제기사에 큰 영향을 미친다. 글로벌 경제 동향, 무역 분쟁, 주요 국가의 경제 지표 발표 등이 기사에 반영된다. 특히, 글로벌 경제의 변화는 국내 경제에도 큰 영향을 미치기 때문에 중요한 기사 주제가 된다.

예제 : 미·중 무역 갈등, 한국 수출에 미치는 영향

- 영향요인 : 국제 경제 상황
- 기사 내용 : 미·중 무역 갈등이 한국의 수출 산업에 미치는 영향 분석

3. 기업 실적과 활동

주요 기업의 실적 발표와 활동은 경제기사에 중요한 요소이다. 기업의 분기별 실적 발표, 인수 합병, 신제품 출시 등의 뉴스는 투자자와 소비자에게 중요한 정보가 된다.

예제 : 삼성전자, 2분기 실적 발표

- 영향요인 : 기업 실적
- 기사 내용 : 삼성전자의 2분기 매출, 영업이익, 순이익 등의 수치와 시장 반응

4. 금융 시장 동향

금융 시장의 동향도 경제기사에 큰 영향을 미친다. 주식 시장, 채권 시장, 외환 시장 등의 변동은 경제기사에서 자주 다루는 주제이다. 이러한 기사는 투자자들에게 중요한 정보를 제공한다.

예제 : 코스피, 3,000선 회복

- 영향요인 : 금융 시장 동향
- 기사 내용 : 주식 시장의 상승 이유와 전망

5. 자연재해와 사회적 사건

자연재해와 사회적 사건도 경제기사에 영향을 미친다. 자연재해는 경제 활동에 큰 영향을 미치며, 사회적 사건은 소비자 심리와 기업 활동에 영향을 준다.

 예제 : 태풍으로 인한 생산 차질, 경제적 영향 분석

- 영향요인 : 자연재해
- 기사 내용 : 태풍으로 인한 생산 차질이 경제에 미치는 영향

6. 경제 지표와 통계

경제 지표와 통계는 경제기사 작성에 중요한 자료가 된다. 실업률, 인플레이션율, GDP 성장률 등의 지표는 경제 상황을 평가하는 데 중요한 역할을 한다. 이러한 지표는 경제기사에서 자주 인용된다.

 예제 : 3분기 GDP 성장률 2.5% 기록

- 영향요인 : 경제 지표
- 기사 내용 : GDP 성장률 수치와 그 의미, 경제 상황에 대한 분석

경제기사는 다양한 요인에 의해 영향을 받는다. 경제 정책과 규제, 국제 경제 상황, 기업 실적, 금융 시장 동향, 자연재해와 사회적 사건, 경제

지표와 통계 등이 그 주요 요인이다. 이러한 요인들을 이해하면 경제기사의 내용을 더 잘 파악하고, 그 신뢰성을 평가할 수 있다.

경제기사는 다양한 요인에 의해 영향을 받는다

경제기사를 읽으면 미래가 보인다

2장

경제기사를 통한 시장 예측

경제기사를 통해 시장을 예측하는 방법을 다룬다. 경제기사가 시장에 미치는 영향, 시장 트렌드 파악 방법, 경제 지표를 통한 예측, 특정 산업에 관한 기사의 영향, 글로벌 경제 뉴스의 시장 영향, 주목해야 할 신호, 주가 차트 분석 방법, 투자 기회를 발견하는 방법을 설명한다. 경제기사를 활용하여 실질적인 시장 예측을 할 수 있도록 돕는다.

경제기사가 시장에 미치는 영향은 무엇인가?

경제기사가 시장에 미치는 영향은 매우 크다. 경제기사는 투자자, 기업, 정부 등 다양한 경제 주체들에게 중요한 정보를 제공하며, 이 정보는 시장의 움직임에 직접적인 영향을 미친다. 예를 들어, 한국은행이 금리를 인상할 것이라는 경제기사가 나온다면, 투자자들은 이 정보를 바탕으로 주식이나 채권 등의 자산을 재조정할 것이다.

첫째, 경제기사는 투자자들의 심리에 영향을 준다. 예를 들어, 한 기업의 실적이 예상보다 좋지 않다는 경제기사가 나오면, 투자자들은 해당 기업의 주식을 팔고 다른 안전한 자산으로 자금을 이동할 수 있다. 이는 해당 기업의 주가 하락으로 이어진다.

둘째, 경제기사는 기업의 의사결정에 영향을 미친다. 예를 들어, 새로운 정부 규제가 발표되었다는 기사가 나오면, 기업들은 이 규제에 대비해 경영 전략을 수정할 것이다. 이는 기업의 비용 구조나 투자 계획에 변화를 줄 수 있다.

셋째, 경제기사는 일반 소비자의 행동에도 영향을 미친다. 예를 들어, 물가가 상승할 것이라는 기사가 나오면, 소비자들은 물가가 더 오르기 전에 미리 구매를 늘릴 수 있다. 이는 단기적으로 소비가 증가하는 효과를 낳는다.

경제기사가 시장에 미치는 영향에 대해 예제를 통해 알아보자.

"한국은행이 금리를 인상할 예정"이라는 기사가 나오면, 이는 여러 주체에게 다양한 영향을 미친다. 투자자들은 금리가 인상되면 대출 비용이 증가하고, 이는 기업의 이익 감소로 이어질 것이라 판단해 주식을 팔기 시작한다. 이로 인해 주가가 하락한다. 반면, 금리가 오르면 은행 예금의 이자도 오르기 때문에 안전한 자산을 선호하는 투자자들은 주식에서 예금으로 자산을 이동할 수 있다.

또 다른 예로, "신규 환경 규제 도입"이라는 기사가 발표되면, 관련 산업에 속한 기업들은 이 규제에 맞춰 환경 설비 투자를 늘리거나 생산 방식을 바꿔야 한다. 이는 초기 비용 증가를 의미하지만, 장기적으로는 기업의 이미지 개선과 환경 보호에 기여할 수 있다. 소비자들은 이러한 변화를 보고 친환경 제품을 더 선호하게 되어, 해당 기업의 제품 매출이 증가할 수 있다.

경제기사는 시장의 여러 주체들에게 중요한 정보를 제공하며, 이 정보는 투자자 심리, 기업 의사결정, 소비자 행동 등 다양한 방식으로 시장에 영향을 미친다. 경제기사를 통해 시장의 움직임을 예측하고 대비하는 것이 중요하다.

경제기사는 다양한 경제 주체들에게 중요한 정보를 제공한다

시장 트렌드는
어떻게 파악할 수 있을까?

시장 트렌드를 파악하는 방법은 여러 가지가 있다. 경제학자들은 다양한 도구와 데이터를 활용해 시장의 움직임을 분석하고 예측한다. 일반인들도 이러한 방법을 이해하면 시장 트렌드를 더 잘 파악할 수 있다.

첫째, 경제 지표를 살펴보는 것이 중요하다. 경제 지표는 경제 상태를 보여주는 중요한 데이터다. 예를 들어, 국내총생산(GDP), 실업률, 소비자물가지수(CPI) 등이 있다. 이러한 지표들은 경제의 전반적인 건강 상태를 파악하는 데 도움이 된다.

예를 들어, 실업률이 낮아지고 있다는 기사가 나왔다고 가정해 보자. 이는 사람들이 일자리를 찾고 있으며, 소비할 수 있는 돈이 많아진다는 것을 의미한다. 결과적으로, 소비가 증가하고, 이는 시장에서 판매되는 상품과 서비스의 수요가 증가할 가능성이 높다.

둘째, 금융 시장의 동향을 관찰해야 한다. 주식 시장, 채권 시장, 외환 시장 등 다양한 금융 시장의 동향은 경제 트렌드를 파악하는 데 중요한 단서를 제공한다. 예를 들어, 주식 시장이 지속적으로 상승하고 있다면, 이는 경제가 성장하고 있다는 신호일 수 있다.

또한, 금리 변동도 중요한 지표다. 금리가 인상되면 대출 비용이 증가해 소비와 투자가 줄어들 수 있다. 반대로, 금리가 낮아지면 대출이 쉬워져 소비와 투자가 늘어날 수 있다.

셋째, 기업의 실적 발표를 주의 깊게 살펴보아야 한다. 기업의 분기별 실적 발표는 해당 기업의 건강 상태를 보여주는 중요한 자료다. 예를 들어, 한 기업의 매출이 꾸준히 증가하고 있다면, 그 기업이 속한 산업도 성장하고 있을 가능성이 크다.

넷째, 국제 경제 상황을 파악하는 것도 중요하다. 세계 경제는 서로 긴밀하게 연결되어 있기 때문에 한 나라의 경제 상황이 다른 나라에 영향을 미칠 수 있다. 예를 들어, 주요 무역국의 경제 상황이 좋지 않다면, 그 나라와 무역을 많이 하는 국내 기업에도 영향을 미칠 수 있다.

마지막으로, 뉴스를 통해 최신 정보를 지속적으로 업데이트해야 한다. 경제 뉴스는 시장 트렌드를 파악하는 데 필수적인 정보원이다. 뉴스에서 다루는 경제 정책, 국제 경제 상황, 금융 시장 동향 등을 주의 깊게 살펴보면 시장의 방향을 이해하는 데 도움이 된다.

예를 들어, "정부가 대규모 인프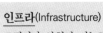
라* 투자를 발표했다"라는 기사가

인프라(Infrastructure)
조직이나 사회가 기능하고 발전하는 데 필수적인
기반 시설과 서비스

나왔다고 가정하자. 이는 건설업과
관련 산업의 수요가 증가할 가능성이 높다는 신호다. 따라서 이 소식을
접한 투자자들은 건설 관련 주식을 매입할 수 있다.

시장 트렌드를 파악하기 위해서는 경제 지표, 금융 시장 동향, 기업 실
적, 국제 경제 상황, 그리고 최신 뉴스를 종합적으로 분석해야 한다. 이러
한 방법들을 통해 시장의 방향을 예측하고 대비할 수 있다.

경제 지표가 시장 예측에 어떤 역할을 할까?

경제 지표가 시장 예측에 어떤 역할을 하는지 이해하는 것은 매우 중요하다. 경제 지표는 경제의 전반적인 상태와 향후 방향을 파악하는 데 중요한 데이터를 제공한다. 여기 몇 가지 주요 경제 지표와 그들이 시장 예측에 어떤 역할을 하는지 설명한다.

첫째, 국내총생산(GDP)은 한 나라의 경제 규모를 나타내는 가장 중요한 지표이다. GDP는 일정 기간 한 나라에서 생산된 모든 재화와 서비스의 총액을 의미한다. 이는 국가 경제의 전체적인 활동 수준을 측정하는 데 사용된다.

 - **GDP 상승** : 경제가 성장하고 있다는 신호이다. 이는 기업들이 더 많은 제품과 서비스를 생산하고 있으며, 사람들은 더 많은 일자리를 가지고 있다는 의미이다. 예를 들어, 한국의 GDP가 꾸준히 상승하고 있다는 뉴스가 나온다면, 이는 한국 경제가 건강하고, 기업들이

이익을 낼 가능성이 높다는 의미이다. 따라서 투자자들은 한국의 주식 시장에 투자하는 것을 고려할 수 있다.

- **GDP 하락** : 경제가 침체하고 있다는 신호이다. 이는 생산과 소비가 줄어들고, 실업률이 증가할 가능성이 높다는 것을 의미한다. 이는 기업들의 수익 감소와 주식 시장의 하락으로 이어질 수 있다.

둘째, 실업률은 일자리를 구하고 있는 사람들의 비율을 나타낸다. 이는 노동 시장의 건강 상태를 보여주는 중요한 지표이다.

- **실업률 하락** : 경제가 성장하고 있다는 신호이다. 더 많은 사람들이 일자리를 가지고 있다는 의미이며, 이는 소비자들이 더 많은 돈을 쓸 수 있다는 것을 의미한다. 예를 들어, 실업률이 지속적으로 낮아지고 있다는 기사가 나온다면, 이는 고용 상황이 개선되고 있다는 뜻이다. 이는 소비자들이 더 많은 돈을 소비할 가능성이 높아지고, 소비재 기업의 매출 증가로 이어질 수 있다.

- **실업률 상승** : 경제가 어려움을 겪고 있다는 신호이다. 이는 일자리를 찾지 못한 사람들이 많아진다는 것을 의미하며, 소비가 줄어들고 기업의 매출이 감소할 가능성이 높다.

셋째, 소비자물가지수(CPI)는 소비자들이 구매하는 상품과 서비스의 가격 변동을 측정한 지표이다. 이는 인플레이션을 측정하는 데 사용된다.

- **CPI 상승** : 물가가 오르고 있다는 의미이다. 이는 인플레이션이 발생하고 있음을 나타낸다. 예를 들어, CPI가 급격히 상승하고 있다는

기사가 나오면, 이는 물가가 빠르게 오르고 있다는 신호이다. 한국은행은 인플레이션을 억제하기 위해 금리를 인상할 수 있으며, 이는 주식 시장에 부정적인 영향을 미칠 수 있다. 따라서 투자자들은 주식에서 채권이나 다른 안전한 자산으로 자금을 이동할 수 있다.

- **CPI 하락** : 물가가 하락하고 있다는 의미이다. 이는 디플레이션이 발생할 가능성이 있음을 나타내며, 이는 경제 활동이 감소하고 있다는 신호일 수 있다.

넷째, 소매판매지수는 소비자들이 얼마나 많은 돈을 쓰고 있는지를 보여주는 지표이다. 이는 경제 활동의 중요한 부분인 소비를 나타내는 지표로 사용된다.

- **소매판매지수 상승** : 소비자들이 더 많은 돈을 쓰고 있음을 의미한다. 이는 경제가 성장하고 있다는 긍정적인 신호로 해석될 수 있으며, 주식 시장에 긍정적인 영향을 미칠 수 있다. 예를 들어, 소매판매지수가 증가하고 있다는 기사가 나온다면, 이는 소비자들이 더 많은 돈을 쓰고 있음을 의미하며, 이는 기업들의 매출 증가로 이어질 수 있다.

- **소매판매지수 하락** : 소비자들이 돈을 덜 쓰고 있음을 의미한다. 이는 경제가 침체하고 있음을 나타내며, 주식 시장에 부정적인 영향을 미칠 수 있다.

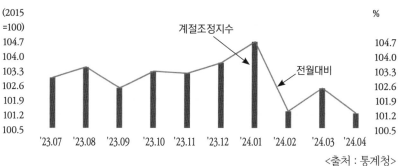

소매판매액지수
전월대비 **101.2%** '24'04
전년동월비 **100.1%** '24'04

전월비/계절조정

<출처 : 통계청>

다섯째, 제조업지수는 제조업 부문의 활동 수준을 나타내는 지표로, 경제의 생산 활동을 파악하는 데 중요한 역할을 한다.

- **제조업지수 상승** : 제조업 부문이 활발히 움직이고 있음을 의미한다. 이는 경제가 성장하고 있으며, 관련 산업의 기업들이 좋은 실적을 낼 가능성이 높다는 신호로 해석될 수 있다. 예를 들어, 제조업지수가 상승하고 있다는 소식이 들려온다면, 이는 제조업 부문이 활발히 움직이고 있음을 의미하며, 이는 경제 전반에 긍정적인 영향을 미칠 수 있다.

- **제조업지수 하락** : 제조업 부문이 둔화하고 있음을 의미한다. 이는 경제가 침체하고 있을 가능성을 나타내며, 기업들의 수익 감소와 주식 시장의 하락으로 이어질 수 있다.

경제 지표는 시장 예측에 중요한 역할을 한다. 경제 지표를 통해 현재

 경제기사를 읽으면 미래가 보인다

경제 상태와 미래의 방향을 예측할 수 있으며, 이는 투자자들이 현명한 결정을 내리는 데 도움이 된다. 경제 지표를 잘 이해하고 분석하면 시장의 움직임을 더 잘 예측하고 대비할 수 있다.

특정 산업에 관한 기사가
시장에 미치는 영향은?

특정 산업에 관한 기사는 해당 산업뿐만 아니라 전체 시장에도 큰 영향을 미친다. 이런 기사들은 투자자, 기업, 소비자들에게 중요한 정보를 제공하며, 그들의 행동에 직접적인 변화를 가져올 수 있다.

1. 산업 성장 예측 기사

"전기차 산업의 급성장 예상"이라는 기사가 나왔다고 가정해 보자. 이 기사는 전기차 산업이 앞으로 몇 년 동안 빠르게 성장할 것이라는 내용을 담고 있다.

- **투자자들** : 이 기사를 접한 투자자들은 전기차 산업에 대한 긍정적인 전망을 보고, 관련 주식을 매수할 가능성이 높다. 이는 전기차 제조업체뿐만 아니라 배터리 제조업체, 충전소 설비업체 등 관련 기업들의 주가 상승으로 이어질 수 있다. 또한, 전기차 관련 기술을 보유한

스타트업에도 투자가 증가할 수 있다.

- **기업들** : 전기차 산업에 속한 기업들은 이러한 긍정적인 전망을 바탕으로 투자를 확대할 계획을 세울 수 있다. 새로운 공장을 설립하거나 연구개발*(R&D)에 더 많은 자금을 투입할 수 있다. 기존 자동차 제조업체들도 전기차 생산 설비를 강화하는 데 집중할 수 있으며, 이는 산업 전반의 기술 발전을 가속할 수 있다.

> **연구개발**
> 새로운 지식, 기술, 제품 또는 서비스를 개발하기 위해 체계적으로 수행하는 창의적인 활동

- **소비자들** : 소비자들은 전기차에 관한 관심이 높아지며, 전기차를 구매하는 데 더 큰 관심을 가질 수 있다. 이는 전기차 판매 증가로 이어질 수 있다. 또한, 전기차의 장점에 대한 정보가 널리 퍼지면서 환경보호와 경제적 이점 때문에 전기차를 선택하는 소비자가 늘어날 것이다.

2. 산업 규제 기사

"정부, IT 산업 규제 강화"라는 기사가 나왔다고 가정해 보자. 이 기사는 정부가 IT 산업에 대한 규제를 강화할 것이라는 내용을 담고 있다.

- **투자자들** : 투자자들은 규제가 강화되면 IT 기업들의 비용이 증가하고, 수익성이 악화할 수 있다는 우려를 할 수 있다. 이는 IT 관련 주식의 매도로 이어져 주가 하락을 초래할 수 있다. 특히, 데이터 보호나 개인정보 관련 규제가 강화되면, 클라우드* 서비스나

> **클라우드**
> 인터넷을 통해 제공되는 컴퓨팅 자원과 서비스

소셜 미디어 기업들이 큰 타격을 받을 수 있다.

- **기업들** : IT 기업들은 규제에 대응하기 위해 추가적인 법적 비용을 지출하거나, 사업 모델을 변경해야 할 필요성을 느낄 수 있다. 이는 단기적으로 기업의 비용을 증가시킬 수 있다. 예를 들어, 새로운 보안 표준을 준수하기 위해 기술 인프라를 재구축하거나, 규제 준수 인력을 늘려야 할 수도 있다. 이는 기업의 전략적 계획에도 영향을 미쳐, 일부 프로젝트나 서비스가 지연되거나 중단될 수 있다.

- **소비자들** : 소비자들은 규제 강화로 인해 IT 서비스나 제품의 가격이 오를 것을 우려할 수 있다. 이는 소비자들의 소비 패턴에 영향을 미칠 수 있다. 예를 들어, 데이터 보호 규제가 강화되면, 사용자들은 개인 정보 보호가 강화된 서비스에 더 높은 비용을 지급할 수 있으며, 이는 소비자의 서비스 선택에도 변화를 불러올 수 있다.

3. 산업 위기 기사

"반도체 산업 공급망 문제로 위기"라는 기사가 나왔다고 가정해 보자. 이 기사는 반도체 공급망에 문제가 생겨 생산이 지연되고 있다는 내용을 담고 있다.

- **투자자들** : 투자자들은 반도체 산업의 위기가 전체 기술 산업에 악영향을 미칠 것이라는 우려를 할 수 있다. 이는 관련 주식의 매도로 이어져 주가 하락을 초래할 수 있다. 특히, 반도체를 주요 부품으로 사용하는 스마트폰, 자동차, 가전제품 제조업체들의 주가가 큰 타격을 받을 수 있다.

- **기업들** : 반도체를 사용하는 전자제품 제조업체들은 생산 차질을 겪을 수 있다. 이는 제품 출시 지연과 매출 감소로 이어질 수 있다. 예를 들어, 자동차 제조업체가 반도체 부족으로 생산을 중단하거나 감축해야 한다면, 이는 자동차 공급 부족과 가격 상승으로 이어질 수 있다. 또한, 새로운 기술 제품의 출시가 지연되거나 제한될 수 있어 시장 경쟁력에 영향을 미칠 수 있다.

- **소비자들** : 소비자들은 전자제품의 공급 부족으로 인해 가격이 상승하거나 제품을 구하기 어려워질 수 있다. 이는 소비자들의 구매 결정에 영향을 미칠 수 있다. 예를 들어, 신형 스마트폰 출시가 지연되면, 소비자들은 대기 시간이 길어지거나 대체 제품을 구매해야 할 수도 있다. 이는 소비자 만족도와 브랜드 충성도에 영향을 줄 수 있다.

특정 산업에 관한 기사는 해당 산업의 주가, 기업의 전략, 소비자의 행동 등에 직접적인 영향을 미친다. 긍정적인 기사는 해당 산업의 성장을 촉진하고, 투자와 소비를 늘리지만, 부정적인 기사는 투자 감소, 비용 증가, 소비 위축을 초래할 수 있다.

따라서 경제기사들을 주의 깊게 읽고 분석하는 것이 중요하다. 이는 투자자, 기업, 소비자 모두에게 유익한 정보로 작용하여 더 나은 결정을 내리는 데 도움을 줄 수 있다. 예를 들어, 산업 성장 예측 기사는 미래의 기회를 포착하고, 규제 기사나 위기 기사는 리스크를 관리하는 데 중요한 역할을 한다. 이를 통해 경제 주체들은 변화에 신속하게 대응하고, 더 나은 전략을 세울 수 있다.

글로벌 경제 뉴스가
시장에 미치는 영향은?

글로벌 경제 뉴스는 국내 시장뿐만 아니라 전 세계 시장에 큰 영향을 미친다. 이러한 뉴스는 국제 무역, 금융 시장, 환율 변동 등에 영향을 주며, 투자자, 기업, 정부 등 여러 경제 주체들의 의사결정에 직접적인 영향을 끼친다.

1. 국제 무역 협정 뉴스

"미국과 중국이 새로운 무역 협정을 체결했다"라는 뉴스가 나왔다고 가정해 보자. 이 뉴스는 두 경제 대국 간의 무역 장벽*이 낮아지고, 교역이 활발해질 것임을 의미한다.

무역장벽
국가 간 상품과 서비스의 자유로운 교역을 제한하는 정책이나 조치

- **투자자들** : 투자자들은 이러한 뉴스에 긍정적으로 반응할 가능성이 높다. 무역 협정이 체결되면 양국 간의 상품과 서비스 교역이 증가하

고, 기업들의 매출이 상승할 가능성이 크다. 이는 주식 시장에 긍정적인 영향을 미쳐, 관련 기업들의 주가가 상승할 수 있다. 특히, 수출 비중이 높은 기업들의 주가가 큰 폭으로 오를 수 있다.

- **기업들** : 기업들은 새로운 시장 진출 기회를 얻을 수 있다. 무역 장벽이 낮아지면 더 많은 제품을 수출할 수 있고, 이는 매출 증가로 이어진다. 또한, 원자재를 더 저렴하게 수입할 수 있어 비용 절감 효과도 기대할 수 있다. 예를 들어, 한국의 자동차 제조업체가 중국으로의 수출이 증가하면, 이는 매출 상승과 함께 생산 확대를 가져올 수 있다.

- **소비자들** : 소비자들은 더 다양한 상품을 저렴한 가격에 구매할 수 있다. 무역 협정으로 인해 수입품의 가격이 내려가면, 소비자들은 품질 좋은 제품을 더 저렴하게 구매할 수 있어 소비자 후생이 증대된다. 이는 소비자들의 소비 활동을 촉진시켜 경제 전반에 긍정적인 영향을 미칠 수 있다.

2. 국제 금리 인상 뉴스

"미국 연방준비제도(Fed)가 금리

금리(Interest Rate)
자금을 빌리거나 대출해 주는 데 적용되는 이자율

*를 인상했다"라는 뉴스가 나왔다고 가정해 보자. 이는 미국의 통화 정책 변화로, 글로벌 금융 시장에 큰 파장을 미칠 수 있다.

- **투자자들** : 금리 인상은 자본 비용 증가를 의미하므로, 주식 시장에는 부정적인 영향을 미칠 수 있다. 투자자들은 주식에서 안전한 자산

으로 자금을 이동시키려 할 것이다. 특히, 높은 부채를 가진 기업들은 금리 인상으로 인해 이자 비용이 증가해 수익성이 악화할 수 있다. 이는 해당 기업들의 주가 하락으로 이어질 수 있다.

- **기업들** : 금리가 인상되면 기업들의 대출 비용이 증가해 투자와 경영 활동에 부정적인 영향을 미칠 수 있다. 특히, 신규 프로젝트나 확장 계획이 지연되거나 취소될 수 있다. 이는 기업의 성장에 제약을 줄 수 있다. 예를 들어, 대규모 자본이 있어야 하는 건설 프로젝트가 금리 인상으로 인해 지연될 수 있다.

- **소비자들** : 소비자들도 대출 금리가 오르면 주택담보대출*

> **주택담보대출**
> 주택을 담보로 제공하고 대출을 받는 금융 서비스

이나 신용대출의 이자 부담이 증가해 소비 여력이 줄어들 수 있다. 이는 가계의 소비를 위축시켜 경제 성장에 부정적인 영향을 미칠 수 있다. 소비가 줄어들면 기업들의 매출도 감소하게 되어, 전체 경제에 악영향을 미칠 수 있다.

3. 국제 분쟁 뉴스

"중동 지역에서의 군사적 긴장 증가"라는 뉴스가 나왔다고 가정해 보자. 이 뉴스는 국제 유가와 금융 시장에 큰 영향을 미칠 수 있다.

- **투자자들** : 군사적 긴장이 증가하면 원유 공급이 불안정해질 가능성이 높다. 이는 유가 상승으로 이어지며, 에너지 비용 증가로 인해 기업들의 수익성이 악화할 수 있다. 투자자들은 이러한 리스크를 반영해 에너지 관련 주식을 매도하거나, 안전 자산으로 자금을 이동시킬

수 있다.

- **기업들** : 원유를 많이 사용하는 산업, 예를 들어 항공사나 물류 업체들은 유가 상승으로 인해 비용 부담이 많이 늘어날 수 있다. 이는 해당 산업 기업들의 수익성을 악화시키고, 주가 하락으로 이어질 수 있다. 또한, 원자재 가격 상승으로 인해 생산 비용이 증가해 전반적인 상품 가격이 오를 수 있다.

- **소비자들** : 유가 상승은 소비자 물가 상승으로 이어질 수 있다. 휘발유 가격이 오르면 운송 비용이 증가해, 모든 상품의 가격이 상승할 수 있다. 이는 소비자들의 실질 구매력을 감소시키고, 소비를 위축시킬 수 있다. 이는 경제 전반에 부정적인 영향을 미칠 수 있다.

글로벌 경제 뉴스는 다양한 경로를 통해 시장에 큰 영향을 미친다. 무역 협정, 금리 변화, 국제 분쟁 등은 투자자, 기업, 소비자 모두에게 중요한 정보를 제공하며, 이들의 행동을 직접적으로 변화시킬 수 있다. 경제 뉴스는 복잡한 글로벌 경제 환경에서 중요한 역할을 하며, 이를 이해하고 분석하는 능력은 더 나은 경제적 결정을 내리는 데 필수적이다.

이처럼 글로벌 경제 뉴스를 주의 깊게 살펴보는 것은 시장의 변화를 예측하고 대비하는 데 큰 도움이 된다. 이러한 뉴스들을 통해 경제 주체들은 변화에 신속하게 대응하고, 전략을 세울 수 있다. 이는 궁극적으로 더 안정적이고 성공적인 경제 활동을 가능하게 한다.

경제기사에서
주목해야 할 신호는 무엇인가?

경제기사에서 주목해야 할 신호는 다양한 형태로 나타나며, 이러한 신호를 이해하고 분석하면 경제 상황을 정확히 예측하고 대응할 수 있다. 일반인들이 경제기사를 읽을 때 주의 깊게 봐야 할 신호들은 다음과 같다.

1. 금리 변동 신호

금리 변동은 경제에 큰 영향을 미친다. 한국은행의 금리 인상이나 인하 결정은 경제 활동에 중요한 신호를 보낸다.

 예제 : "미국 연방준비제도가 금리를 인상했다"라는 기사

- 신호 해석 : 금리 인상은 대출 비용 증가를 의미하며, 이는 소비와 투자가 줄어들 가능성이 높다는 신호이다. 투자자들은 주식 시장에서 자금을 빼내어 채권 같은 안전 자산으로 옮길 수 있다. 기업들은 대출 비용 증가로 인해 신규 투자를 줄일 수 있다. 소비자들은 주택담보대출 이자 부담 증가로 소비를 줄일 수 있다.

2. 실업률 변화 신호

실업률은 경제의 건강 상태를 보여주는 중요한 지표이다. 실업률의 변화는 경제 활동의 방향을 예측하는 데 중요한 역할을 한다.

 예제 : "지난달 실업률이 4%로 하락했다"라는 기사

- 신호 해석 : 실업률 하락은 고용이 증가하고 있다는 신호이다. 이는 사람들이 더 많은 돈을 벌고 있으며, 소비를 증가시킬 가능성이 높다는 의미이다. 소비가 증가하면 기업들의 매출이 증가하고, 이는 경제 성장으로 이어질 수 있다. 이는 주식 시장에 긍정적인 영향을 미칠 수 있다.

3. GDP 성장률 신호

GDP 성장률은 한 나라의 경제 활동 수준을 보여주는 중요한 지표이다. GDP가 성장하고 있다는 소식은 경제가 확장되고 있음을 나타낸다.

 예제 : "올해 2분기 GDP 성장률이 3%로 예상보다 높게 나왔다"라는 기사

- 신호 해석 : GDP 성장률이 높으면 경제가 건강하고 활발하게 활동하고 있다는 신호이다. 이는 기업들의 매출과 이익이 증가하고, 고용이 증가할 가능성이 높다. 이는 주식 시장에 긍정적인 영향을 미칠 수 있다. 또한, 정부는 경제 성장을 지속하기 위해 다양한 지원 정책을 펼칠 수 있다.

4. 소비자물가지수(CPI) 변화 신호

CPI는 인플레이션을 측정하는 주요 지표로, 물가 상승률*을 나타낸다. CPI의 변화는 경제의 안정성

물가상승률
일정 기간 동안 물가 수준이 상승한 정도를 나타내는 지표

과 소비자의 구매력을 예측하는 데 중요한 역할을 한다.

예제 : "소비자물가지수 CPI 가 전년 대비 2.5% 상승했다"라는 기사

- 신호 해석 : CPI가 상승하면 인플레이션이 발생하고 있다는 신호이다. 이는 한국은행
  이 금리를 인상할 가능성이 있음을 의미하며, 이는 대출 비용 증가와 주식 시장에 부
  정적인 영향을 미칠 수 있다. 소비자들은 물가 상승으로 인해 실질 구매력이 감소하
  고, 소비를 줄일 수 있다.

5. 기업 실적 보고 신호

기업의 분기별 실적 보고는 해당 기업의 건강 상태와 미래 전망을 보여
주는 중요한 자료이다. 기업 실적은 주가에 직접적인 영향을 미친다.

 예제 : "삼성전자의 분기별 매출이 전년 대비 10% 증가했다"라는 기사

- 신호 해석 : 기업의 매출 증가 소식은 해당 기업이 시장에서 잘 나가고 있다는 신호이
  다. 이는 주식 시장에서 해당 기업의 주가 상승을 이끌 수 있다. 또한, 이는 해당 산업
  의 다른 기업에도 긍정적인 영향을 미칠 수 있다.

6. 국제 무역 신호

국제 무역은 글로벌 경제와 깊이 연관되어 있다. 무역 협정, 관세, 수출
입 데이터 등의 변화는 국내 경제에도 큰 영향을 미친다.

 예제 : "미국과 중국이 새로운 무역 협정을 체결했다"라는 기사

- 신호 해석 : 무역 협정 체결은 무역 장벽이 낮아지고, 양국 간의 교역이 활발해질 것이
  라는 신호이다. 이는 관련 기업들의 매출 증가와 주가 상승으로 이어질 수 있다. 또한,
  소비자들은 더 다양한 상품을 저렴한 가격에 구매할 수 있다.

7. 환율 변동 신호

환율은 수출입 기업과 외환 시장에 큰 영향을 미친다. 환율 변동은 기

업의 수익성에 직접적인 영향을 줄 수 있다.

예제 : 예제 : "달러 대비 원화 환율이 급등했다"라는 기사

- 신호 해석 : 환율 상승은 수출 기업에 긍정적인 영향을 미칠 수 있다. 원화 가치가 하락
하면 한국 제품의 가격 경쟁력이 높아져 수출이 증가할 수 있다. 반면, 수입 기업들은
비용이 증가해 수익성이 악화할 수 있다.

경제기사에서 주목해야 할 신호들은 다양한 경제 지표와 사건들에 의해 나타난다. 금리 변동, 실업률, GDP 성장률, CPI, 기업 실적, 국제 무역, 환율 변동 등의 신호를 주의 깊게 살펴보면, 경제 상황을 더 정확히 예측하고 대응할 수 있다. 이러한 신호들을 이해하고 분석하는 능력은 개인의 경제적 결정을 내리는 데 중요한 도구가 된다. 경제기사를 통해 제공되는 정보를 잘 활용하면, 더 나은 투자와 소비 결정을 내릴 수 있다.

07

경제기사와 주가 차트 분석을 어떻게 결합할 수 있을까?

경제기사와 주가 차트 분석을 결합하면 더욱 정확하고 효율적인 투자 결정을 내릴 수 있다. 경제기사는 시장의 전반적인 분위기와 주요 사건에 대한 정보를 제공하고, 주가 차트 분석은 과거의 주가 변동과 거래량 데이터를 기반으로 미래의 주가 움직임을 예측하는 도구다.

1. 경제기사로 시장 분위기 파악하기

경제기사는 시장의 전반적인 분위기와 주요 사건에 대한 정보를 제공한다. 예를 들어, 한국은행의 금리 결정, 정부의 경제 정책, 주요 기업의 실적 발표 등은 시장에 큰 영향을 미친다. 이러한 정보를 통해 투자자는 현재 시장 상황을 이해하고, 앞으로의 시장 변화를 예측할 수 있다.

"한국은행이 금리를 인상했다"라는 기사를 읽는다면, 이는 금리가 오르면서 대출 비용이 증가하고 소비와 투자가 줄어들 가능성이 있다는 신호다. 이는 주식 시장에 부정적인 영향을 미칠 수 있다. 투자자들은 금리 인상에 따라 주가가 하락할 가능성이 있는 주식에서 자금을 빼내어, 보다 안전한 자산으로 이동할 수 있다.

2. 주가 차트 분석으로 기술적 신호 파악하기

주가 차트 분석은 과거의 주가 변동과 거래량 데이터를 분석하여 미래의 주가 움직임을 예측하는 방법이다. 주요 지표와 패턴을 통해 매수와 매도 신호를 파악할 수 있다. 기술적 분석의 주요 도구에는 이동 평균선, 상대강도지수*(RSI), 이동평균수렴확산지수*(MACD) 등이 있다.

> **상대강도지수**(Relative Strength Index)
> 주식, 채권, 통화 등 다양한 금융 자산의 단기 매매 타이밍을 판단하기 위해 사용되는 기술적 지표
> **이동평균수렴확산지수**
> 주식, 채권, 통화 등 금융 자산의 매매 타이밍을 판단하는 데 사용되는 대표적인 기술적 지표

주가 차트에서 이동 평균선(Moving Average)이 하락하고 있고, 거래량이 급증하는 것을 발견했다면, 이는 주가가 하락할 가능성이 높다는 기술적 신호다. 이러한 신호는 투자자들이 매도 결정을 내리는 데 도움이 된다.

3. 경제기사와 주가 차트 분석의 결합

경제기사를 통해 얻은 정보를 주가 차트 분석과 결합하여 투자 결정을 내릴 수 있다. 경제기사가 주는 시장의 전반적인 분위기와 주가 차트 분

석이 제공하는 구체적인 매매 신호를 함께 고려하는 것이다.

"정부가 대규모 인프라 투자 계획을 발표했다"라는 기사를 읽고, 인프라 관련 주식의 주가 차트를 분석한다. 주가 차트에서 해당 주식이 상승 추세에 있고, 거래량이 증가하는 것을 발견했다면, 이는 해당 주식이 앞으로 더 상승할 가능성이 있다는 신호다. 따라서, 이 주식을 매수하는 것이 좋은 투자 전략이 될 수 있다.

4. 구체적인 사례

– 경제기사 : "ABC 전자, 새로운 혁신 제품 발표"
– 주가 차트 분석 : 주가 차트에서 ABC 전자의 주가가 최근 상승세를 보이고 있으며, 이동 평균선이 골든 크로스(단기 이동 평균선이 장기 이동 평균선을 상향 돌파하는 현상)를 형성했다.
– 결합 분석 : 혁신 제품 발표라는 긍정적인 뉴스와 기술적 분석에서의 골든 크로스 신호를 결합하여 ABC 전자의 주가가 앞으로 더 상승할 가능성이 높다고 판단하고 매수 결정을 내린다.

– 경제기사 : "미국과 중국의 무역 협상 결렬"
– 주가 차트 분석 : 주가 차트에서 글로벌 주요 주식 지수들이 하락 추세에 있고, 거래량이 급증하고 있는 것을 확인했다.
– 결합 분석 : 무역 협상 결렬이라는 부정적인 뉴스와 하락 추세의 기술적 신호를 결합하여, 시장 전반에 걸쳐 주가가 하락할 가능성이 높다고 판단하고, 보유 주식을 매도하거나 안전 자산으로 자금을 이동시키는 전략을 취할 수 있다.

5. 결합 분석의 주의 사항

경제기사와 주가 차트 분석을 결합할 때는 다음 사항에 주의해야 한다.

- **신뢰성** : 경제기사의 출처와 내용을 신뢰할 수 있는지 확인한다. 검증되지 않은 정보에 의존하면 잘못된 결정을 내릴 수 있다. 신뢰할 수 있는 뉴스 소스와 금융 분석 도구를 사용해야 한다.
- **기술적 분석의 한계** : 주가 차트 분석은 과거 데이터를 기반으로 하므로, 예기치 못한 이벤트나 뉴스가 발생하면 예측이 틀릴 수 있다. 따라서, 기술적 분석은 다른 분석 방법과 함께 사용하는 것이 좋다.
- **심리적 요인** : 시장은 때때로 투자자들의 심리에 의해 크게 좌우될 수 있다. 경제기사가 실제보다 더 긍정적이거나 부정적으로 해석될 수 있으므로, 항상 객관적으로 상황을 판단하는 것이 중요하다.

경제기사와 주가 차트 분석을 결합하면 시장의 전반적인 분위기와 구체적인 매매 신호를 함께 고려할 수 있어 더욱 정확한 투자 결정을 내릴 수 있다. 경제기사를 통해 얻은 정보로 큰 그림을 파악하고, 주가 차트 분석으로 구체적인 매매 타이밍을 잡는 것이 중요하다. 이를 통해 투자 성공 확률을 높일 수 있으며, 변화하는 시장 상황에 효과적으로 대응할 수 있다.

예를 들어, 한국은행의 금리 인상 소식과 주가 차트에서 하락 신호를 결합하면, 주식 시장의 하락을 예상하고 포트폴리오를 조정할 수 있다. 반대로, 정부의 대규모 인프라 투자 계획과 관련 주식의 상승 신호를 결합하면, 매수 기회를 포착할 수 있다.

경제기사와 주가 차트 분석의 결합은 투자자들에게 더 많은 정보와 분석 도구를 제공하여 보다 현명한 투자 결정을 내리는 데 도움을 준다. 이를 통해 투자자들은 시장 변동에 효과적으로 대응하고, 장기적으로 더 높은 수익을 기대할 수 있다.

경제기사를 읽으면 미래가 보인다

08

경제기사를 통해
투자 기회를 발견할 수 있을까?

경제기사를 통해 투자 기회를 발견할 수 있다. 경제기사는 시장의 전반적인 동향, 주요 산업의 변화, 기업의 실적 발표 등 다양한 정보를 제공한다. 이러한 정보를 분석하고 활용하면 새로운 투자 기회를 포착할 수 있다.

1. 경제기사로부터 중요한 정보 추출하기

경제기사는 다양한 경제 활동과 사건에 대한 정보를 제공한다. 이를 통해 현재와 미래의 경제 상황을 예측하고, 그에 맞는 투자 전략을 세울 수 있다.

"정부, 친환경 에너지 산업에 10조 원 투자 계획 발표"라는 기사를 접했다면, 이는 친환경 에너지 산업이 크게 성장할 가능성이 있다는 신호이다. 이러한 정보는 친환경 에너지 관련 주식에 투자할 좋은 기회가 될 수 있다.

2. 산업 트렌드 분석하기

경제기사를 통해 특정 산업의 트렌드를 파악할 수 있다. 산업 트렌드는 해당 산업에 속한 기업들의 성과와 주가에 직접적인 영향을 미친다.

"전 세계 전기차 판매량 급증, 배터리 수요 증가"라는 기사를 읽으면, 전기차 산업과 관련된 배터리 제조업체나 전기차 부품 공급업체에 투자할 기회를 찾을 수 있다. 이는 전기차 산업이 성장하면서 관련 기업들의 매출과 이익이 증가할 가능성이 높기 때문이다.

3. 기업 실적과 전망 분석하기

기업의 실적 발표는 주가에 직접적인 영향을 미친다. 경제기사는 주요 기업들의 실적과 전망에 대한 정보를 제공한다.

"ABC 전자, 분기 실적 발표 – 예상보다 높은 수익"이라는 기사를 읽으면, 이 기업의 주가가 상승할 가능성이 높다고 판단할 수 있다. 또한, 실적이 좋은 기업은 앞으로도 좋은 성과를 낼 가능성이 높으므로 장기적인 투자 기회로 활용할 수 있다.

4. 글로벌 경제 상황 이해하기

글로벌 경제 상황은 국내 시장에도 큰 영향을 미친다. 국제 무역*, 환율 변동, 글로벌 경제 성장률 등은 중요한 투자 신호가 될 수 있다.

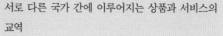

국제무역
서로 다른 국가 간에 이루어지는 상품과 서비스의 교역

"미국과 중국의 무역 협상 타결, 관세 인하 합의"라는 기사를 접하면, 무역 협상의 긍정적인 결과 때문에 수출 비중이 높은 기업들의 주가가 상승할 가능성이 높다는 것을 알 수 있다. 따라서, 이러한 기업들에 투자하는 것을 고려할 수 있다.

5. 경제 지표와 정책 변화 분석하기

경제 지표와 정책 변화는 시장의 방향을 예측하는 데 중요한 역할을 한다. 경제기사를 통해 이러한 변화를 파악하고, 투자 전략을 세울 수 있다.

"한국은행, 금리 인하 결정"이라는 기사를 읽으면, 금리 인하로 인해 대출이 쉬워지고 소비와 투자가 증가할 가능성이 높다고 판단할 수 있다. 이는 소비재 기업이나 부동산 관련 주식에 투자할 좋은 기회가 될 수 있다.

경제기사는 투자 기회를 발견하는 데 매우 유용한 정보를 제공한다. 새로운 정책 발표, 기업 실적 발표, 국제 경제 뉴스, 산업 동향 및 기술 발전, 경제 지표* 발표 등 다양한 경제기사는 투자자들이 미래의 시

경제지표
경제 상황을 나타내는 통계적 수치. 이러한 경제지표는 정부, 기업, 투자자 등이 경제 상황을 파악하고 정책 결정을 내리는 데 활용된다.

장 변화를 예측하고 이에 맞춰 투자 결정을 내리는 데 큰 도움을 준다.

경제기사를 통해 얻은 정보를 주가 차트 분석과 결합하여 투자 기회를 더욱 정확하게 포착할 수 있다. 이를 통해 투자자들은 변화하는 시장 상황에 효과적으로 대응하고, 장기적으로 높은 수익을 기대할 수 있다. 경제기사를 꾸준히 읽고 분석하는 습관을 통해 더 나은 투자 결정을 내리는 것이 중요하다.

경제기사를 읽으면 미래가 보인다

경제기사로 투자 전략 세우기

경제기사에서 얻은 정보로 투자 결정을 내리는 방법을 다룬다. 기업의 재무 상태 평가, 리스크를 줄이는 방법, 매수와 매도 시점을 찾는 방법, 포트폴리오 구성 방법, 특정 산업의 전망 분석, 장기 투자 전략과의 연결, 시장의 전반적인 동향 파악 방법을 설명한다. 경제기사를 기반으로 자신만의 투자 전략을 세울 수 있도록 한다.

경제기사에서 얻은 정보로 투자 결정을 내릴 수 있을까?

경제기사에서 얻은 정보를 통해 투자 결정을 내릴 수 있다. 하지만 단순히 기사 하나만으로 결정을 내리는 것은 위험할 수 있다. 따라서 여러 정보를 종합적으로 분석하는 것이 중요하다.

금리 인상 소식

어느 날 경제기사에서 한국은행이 금리를 인상할 것이라는 소식을 접했다고 가정해 보자. 금리 인상은 대출 이자가 올라간다는 것을 의미한다. 따라서 기업의 자금 조달 비용이 증가하고, 소비자들도 대출을 줄이게 된다. 이는 기업의 수익 감소와 소비 감소로 이어질 수 있다.

이런 상황에서는 주식시장에서 금융 비용이 높은 기업들의 주가가 하락할 가능성이 높다. 따라서 금융 비용에 민감한 중소기업보다는 재무상태가 건전한 대기업이나, 현금 보유량이 많은 기업에 투자하는 것이 안전할 수 있다.

신제품 출시 소식

다른 기사에서는 한 전자제품 회사가 혁신적인 신제품을 출시할 것이라는 소식을 보았다고 가정해 보자. 이 회사의 신제품이 시장에서 큰 성공을 거둘 가능성이 크다면, 해당 회사의 주가는 상승할 가능성이 크다.

신제품 출시 소식은 긍정적인 신호로 작용할 수 있다. 하지만 단순히 기사 하나만으로 결정을 내리기보다는, 신제품의 기술력, 시장의 반응, 경쟁사의 동향 등을 함께 분석해 보는 것이 필요하다. 이를 통해 투자 결정을 내리면 더 높은 수익을 기대할 수 있다.

원자재 가격 상승

경제기사에서 원유 가격이 급등하고 있다는 소식을 접했다고 가정해 보자. 원유 가격 상승은 여러 산업에 영향을 미친다. 특히 항공사, 물류 회사, 화학 제조업체 등 원유를 많이 사용하는 기업들의 비용이 증가하게 된다. 이는 해당 기업들의 수익성에 부정적인 영향을 미칠 수 있다.

원유 가격 상승 소식을 접했다면, 원유를 많이 사용하는 기업들의 주가가 하락할 가능성을 고려해야 한다. 대신 원유 가격 상승으로 이익을 보는 에너지 기업이나, 대체 에너지 관련 기업에 투자하는 전략을 세울 수 있다.

정부의 경기 부양책 발표

정부가 대규모 경기 부양책을 발표했다는 소식을 보았다고 가정해 보자. 정부의 경기 부양책은 경제 전반에 긍정적인 영향을 미친다. 특히 인프라 투자, 소비 진작, 세금 감면 등의 정책은 건설업, 소비재 산업, 중소기업 등에 큰 호재로 작용할 수 있다.

정부의 경기 부양책 발표는 특정 산업에 대한 긍정적인 전망을 제공한다. 이럴 때는 건설업, 소비재 산업, 중소기업 관련 주식에 투자하는 것이 좋은 전략이 될 수 있다. 또한, 정책 발표에 따라 수혜를 입을 가능성이 높은 기업들을 미리 파악해 투자할 수 있다.

글로벌 경제 성장률 전망

또 다른 기사에서 국제통화기금(IMF)이 다음 해 글로벌 경제 성장률을 하향 조정했다는 소식을 접했다고 가정해 보자. 이는 전 세계적으로 경제가 둔화할 가능성이 높다는 의미이다.

글로벌 경제 성장률이 둔화할 경우, 주식시장 전체가 영향을 받을 수 있다. 이런 상황에서는 경기 변동에 덜 민감한 방어주*나, 배당 수익률이 높은 주식에 투자하는 것

> **방어주**(Defensive Stock)
> 경기 변동에 상대적으로 안정적인 수익을 내는 주식(관련주 : 생필품, 통신, 금융 등)

이 더 안전할 수 있다. 예를 들어, 필수 소비재나 의료 관련 주식 등이 방어주에 해당한다.

경제기사는 투자 결정을 내리는 데 유용한 정보를 제공하지만, 단편적인 정보만으로 투자 결정을 내리는 것은 위험할 수 있다. 다음과 같은 점들을 종합적으로 고려하는 것이 중요하다.

1. 다양한 정보 출처 확인

여러 경제기사를 비교하고, 서로 다른 관점을 확인한다. 이를 통해 더 균형 잡힌 시각을 가질 수 있다.

2. 기업의 재무 상태 분석

경제기사에서 다루는 기업의 재무제표, 현금 흐름, 부채 비율 등을 분석한다. 이는 기업의 실제 재무 건전성을 파악하는 데 도움이 된다.

3. 시장 동향 파악

경제기사에서 다루는 산업 전반의 동향을 파악한다. 특정 기업의 소식만이 아니라 해당 산업 전체의 흐름을 보는 것이 중요하다.

4. 리스크 관리

투자는 항상 리스크가 따르므로, 경제기사를 통해 얻은 정보로 투자 결정을 내릴 때는 분산 투자와 같은 리스크 관리 전략을 함께 고려한다.

경제기사는 투자 결정을 내리는 데 중요한 자료가 될 수 있다. 하지만 이를 단편적으로 받아들이지 말고, 다양한 정보를 종합적으로 분석해 신중한 결정을 내리는 것이 바람직하다.

경제기사를 읽으면 미래가 보인다

경제기사에서 기업의 재무 상태를 어떻게 평가할까?

경제기사에서 기업의 재무 상태를 평가하는 것은 투자 결정을 내리는 데 매우 중요한 과정이다. 기업의 재무 상태를 평가하는 방법을 알기 쉽게 설명하겠다. 예제를 통해 구체적으로 이해해 보자.

재무 상태 평가의 주요 지표

1. 매출액과 순이익

매출액은 기업이 제품이나 서비스를 판매하여 얻은 총수익을 의미한다. 순이익은 매출액에서 모든 비용을 제외한 실제 이익을 나타낸다. 예를 들어, A 기업이 2023년에 1조 원의 매출을 올리고, 순이익이 1,000억 원이라고 하자. 이는 A 기업이 상당한 매출을 올리고 있으며, 비용 관리도 잘하고 있음을 의미한다.

2. 부채비율

부채비율은 기업의 총부채를 자기자본으로 나눈 값이다. 이 비율이 높을수록 기업이 많은 부채를 가지고 있다는 의미이다. 예를 들어, B 기업의 총부채가 5,000억 원이고 자기자본이 2,500억 원이라면, 부채비율은 200%가 된다. 이는 B 기업이 높은 부채 부담을 두고 있음을 의미한다.

3. 유동비율

유동비율은 기업의 유동자산을 유동부채로 나눈 값이다. 이 비율이 100% 이상이면 기업이 단기 부채를 갚을 능력이 있다는 의미이다. 예를 들어, C 기업의 유동자산이 3,000억 원이고 유동부채가 1,500억 원이라면, 유동비율은 200%가 된다. 이는 C 기업이 단기적으로나, 재정적으로 안정적임을 나타낸다.

예제 : D 기업의 재무 상태 평가

경제기사에서 D 기업의 재무제표를 보도했다고 가정해 보자. 기사는 다음과 같은 내용을 담고 있다.

매출액 : 2조 원, 순이익 : 2,000억 원, 총부채 : 1조 원,

자기자본 : 5,000억 원, 유동자산 : 4,000억 원, 유동부채 : 2,000억 원

이 정보를 바탕으로 D 기업의 재무 상태를 평가해 보겠다.

1. 매출액과 순이익 분석

D 기업은 2조 원의 매출을 올렸고, 순이익이 2,000억 원이다. 이는 D 기업이 높은 매출을 기록하며, 비용 관리도 잘하고 있음을 의미한다.

2. 부채비율 분석

D 기업의 부채비율은 (1조 원 / 5,000억 원) * 100% = 20%가 된다. 이는 D 기업이 낮은 부채비율을 가지고 있어 재정적으로 안정적임을 나타낸다.

3. 유동비율 분석

D 기업의 유동비율은 (4,000억 원 / 2,000억 원) * 100% = 200%가 된다. 이는 D 기업이 단기 부채를 충분히 갚을 수 있는 능력이 있음을 의미한다.

이와 같은 재무 지표들을 종합적으로 분석하면 D 기업은 매출과 순이익이 양호하고, 부채비율이 낮아 재정적으로 안정적이며, 유동비율이 높아 단기적으로도 재정 상태가 건전하다는 결론을 내릴 수 있다. 따라서 D 기업은 투자자에게 매력적인 투자 대상이 될 수 있다.

경제기사에서 기업의 재무 상태를 평가할 때는 매출액과 순이익, 부채비율, 유동비율과 같은 주요 재무 지표를 분석하는 것이 중요하다. 이러한 지표들을 종합적으로 평가하면 기업의 재정 상태를 파악하고, 이를 바탕으로 투자 결정을 내리는 데 도움이 된다.

경제기사를 통해
리스크를 줄이는 방법은?

경제기사를 통해 투자 리스크를 줄이는 방법은 정보를 적극적으로 활용해 현명한 투자 결정을 내리는 것이다. 경제기사는 시장의 변화, 기업의 실적, 정부의 정책 등을 다루며, 이러한 정보들은 투자 리스크를 줄이는 데 중요한 역할을 한다.

기업 실적 부진

어느 날 경제기사에서 한 대형 기술 기업의 분기 실적이 예상보다 저조하다는 소식을 접했다고 가정해 보자. 이는 해당 기업의 주가 하락으로 이어질 수 있다. 특히 기술주는 실적에 민감하게 반응하기 때문에, 큰 폭의 주가 변동이 발생할 수 있다.

기업 실적 부진 소식을 접했다면, 해당 기업 주식을 보유하고 있는 경우 즉시 매도하거나 비중을 줄이는 것이 좋다. 또, 실적 부진의 원인을 분석해 해당 산업 전체가 영향을 받을 가능성이 있다면 관련 주식을 피하는 것도 하나의 방법이다. 대신 실적이 안정적인 기업이나 배당주에 투자해 안정적인 수익을 추구할 수 있다.

산업 규제 강화

다른 기사에서 정부가 특정 산업에 대한 규제를 강화할 것이라는 소식을 접했다고 가정해 보자. 이는 해당 산업에 속한 기업들의 비용 증가와 수익성 감소로 이어질 수 있다. 예를 들어, 환경 규제가 강화되면 제조업체들은 추가 비용을 부담하게 되어 이익이 줄어들 수 있다.

산업 규제 강화 소식을 접했다면, 규제 영향을 많이 받는 기업이나 산업의 주식을 피하는 것이 좋다. 대신 규제의 영향을 덜 받거나 오히려 혜택을 볼 수 있는 기업에 투자하는 것이 안전할 수 있다. 예를 들어, 친환경 기술을 보유한 기업이나 대체 에너지 산업에 투자하는 것을 고려해 볼 수 있다.

환율 변동

또 다른 기사에서 주요 통화 간의 환율이 급격히 변동하고 있다는 소식을 접했다고 가정해 보자. 환율 변동은 수출입 기업들의 수익성에 큰 영향을 미칠 수 있다. 예를 들어, 원화가 강세를 보이면 한국 기업의 수출 경쟁력이 약해져 수익이 감소할 수 있다.

환율 변동 소식을 접했다면, 환율 영향을 많이 받는 수출입 기업의 주식을 조정하는 것이 필요할 수 있다. 또한, 해외 시장에서 수익을 얻는 기업이나 환율 변동에 덜 민감한 내수 기업에 투자하는 것이 좋다. 환율 변동을 헤지하기 위한 외환 파생상품 투자도 고려해 볼 수 있다.

경제기사를 통해 리스크를 줄이기 위해서는 다음과 같은 종합적 전략이 필요하다.

1. 다양한 정보 수집

여러 경제기사를 읽고 다양한 관점을 수집해야 한다. 이를 통해 더 균형 잡힌 시각을 가질 수 있다.

2. 시장 변화 예측

경제기사를 통해 시장 변화를 예측하고, 이에 따라 투자 전략을 조정해야 한다. 금리 인상, 경제 불확실성 증가 등 주요 이슈를 지속적으로 모니터링하는 것이 중요하다.

3. 포트폴리오 분산

다양한 산업과 자산에 투자해 리스크를 분산시키는 것이 중요하다. 한 산업이나 기업에 집중적으로 투자하는 것은 리스크를 높이는 요인이 될 수 있다.

4. 안전 자산 비중 확대

경제 상황이 불확실할 때는 안전 자산의 비중을 늘려 리스크를 줄여야 한다. 금, 채권, 방어주 등은 불확실한 시기에 안정적인 수익을 제공할 수 있다.

5. 현금 비중 유지

급격한 시장 변동에 대비해 일정 비율의 현금을 보유하는 것도 리스크 관리의 중요한 방법이다. 이를 통해 기회를 잡을 수 있는 유연성을 확보할 수 있다.

경제기사를 통해 이러한 전략을 적절히 활용하면 투자 리스크를 효과적으로 줄일 수 있다. 중요한 것은 정보를 적극적으로 활용하고, 변화하는 시장 상황에 맞춰 유연하게 대응하는 것이다.

경제기사에서 매수와 매도 시점을 찾을 수 있을까?

경제기사는 투자자들에게 매수와 매도 시점을 결정하는 데 중요한 정보를 제공한다. 경제기사를 통해 시장 동향, 기업 실적, 정책 변화 등을 파악하면 더 나은 투자 결정을 내릴 수 있다.

기업 실적 발표

어느 날 경제기사에서 A 회사가 이번 분기 실적 발표에서 예상보다 높은 수익을 기록했다고 보도했다. 이는 해당 기업의 재무 상태가 좋고, 앞으로도 성장 가능성이 크다는 신호로 해석될 수 있다.

- **매수시점** : 이런 경우, 기업의 주가가 실적 발표 후 상승할 가능성이 높다. 따라서 실적 발표 직후가 매수 시점이 될 수 있다. 하지만 이미 주가가 많이 오른 경우에는 신중하게 접근해야 한다. 추가 상승 여력이 있는지 분석한 후 투자하는 것이 좋다.

- **매도시점** : 반대로, 실적이 예상보다 저조하다면 주가가 하락할 가능성이 있다. 이때는 주식을 보유하고 있는 경우 매도 시점으로 판단할 수 있다. 특히 실적 저조의 원인이 장기적인 문제라면 즉시 매도하는 것이 바람직하다.

금리 정책 변화

경제기사에서 한국은행이 금리를 인상할 것이라는 소식을 접했다고 가정해 보자. 금리 인상은 대출 이자가 상승해 기업의 자금 조달 비용을 증가시키고, 소비자들의 대출 부담을 높인다. 이는 소비 감소와 기업의 수익 감소로 이어질 수 있다.

- **매수시점** : 금리 인상이 이미 반영되어 주가가 많이 하락한 경우, 오히려 저가 매수의 기회가 될 수 있다. 특히 재무 상태가 견고하고 장기 성장 가능성이 높은 기업들은 일시적인 하락 후 회복될 가능성이 크다.

- **매도시점** : 반대로, 금리 인상 소식이 나왔을 때, 특히 금융 비용에 민감한 기업들의 주식을 보유하고 있다면 매도 시점이 될 수 있다. 예를 들어, 부동산, 자동차, 고가 소비재 관련 주식은 금리 인상의 영향을 많이 받으므로, 해당 주식을 매도하는 것이 좋다.

정부의 경기 부양책 발표

경제기사에서 정부가 대규모 경기 부양책을 발표했다고 가정해 보자. 이러한 정책은 경제 전반에 긍정적인 영향을 미치며, 특히 인프라 투자, 소비

진작, 세금 감면 등의 정책은 특정 산업에 큰 호재로 작용할 수 있다.

- **매수시점** : 정부의 경기 부양책 발표는 관련 산업의 주식을 매수할 좋은 시점이 될 수 있다. 예를 들어, 건설업, 소비재 산업, 중소기업 관련 주식이 혜택을 받을 수 있다. 정책 발표 후 주가가 상승하기 전에 매수하는 것이 좋다.
- **매도시점** : 반대로, 경기 부양책이 이미 주가에 반영되어 상당한 상승이 이루어졌을 때 매도 시점이 될 수 있다. 특히 단기적인 이익 실현을 목표로 하는 투자자라면, 주가가 충분히 올랐을 때 매도해 이익을 확정하는 것이 좋다.

경제기사를 통해 매수와 매도 시점을 찾기 위해서는 다음과 같은 종합적 전략이 필요하다.

1. 정보 수집과 분석
다양한 경제기사를 통해 정보를 수집하고, 이를 종합적으로 분석해야 한다. 단편적인 정보만으로 결정을 내리는 것은 위험할 수 있다.

2. 기업의 재무 상태 파악
경제기사를 통해 기업의 재무 상태와 실적을 파악하고, 이를 기반으로 매수와 매도 시점을 결정해야 한다.

3. 시장 동향과 정책 변화 모니터링
시장 동향과 정책 변화를 지속적으로 모니터링하고, 이에 따라 투자 전략을 조정해야 한다.

4. 리스크 관리

경제기사를 통해 얻은 정보를 기반으로 리스크를 관리해야 한다. 매수와 매도 시점을 잘못 판단할 경우를 대비해 포트폴리오를 분산하고, 손절매 전략을 세워야 한다.

경제기사는 매수와 매도 시점을 결정하는 데 중요한 역할을 할 수 있다. 하지만 이를 단편적으로 받아들이지 말고, 다양한 정보를 종합적으로 분석해 신중한 결정을 내리는 것이 바람직하다.

경제기사를 바탕으로
포트폴리오를 구성하는 방법은?

경제기사를 통해 투자 정보를 얻고 이를 바탕으로 포트폴리오를 구성하
는 것은 현명한 투자 전략을 세우는 데 중요한 과정이다. 포트폴리오를
구성할 때는 다양한 산업과 자산에 분산 투자해 리스크를 줄이고, 안정
적인 수익을 추구하는 것이 목표다.

경제 성장 전망과 산업 선택

경제기사를 통해 한 국가의 경제 성장률이 높아질 것이라는 전망을 접
했다고 가정해 보자. 경제 성장률이 높아지면 소비가 증가하고 기업의 수
익이 개선될 가능성이 크다.

1. **소비재 산업** : 경제 성장과 함께 소비가 증가할 것으로 예상된다. 따
   라서 소비재 산업에 속한 기업들을 포트폴리오에 포함하는 것이 좋
   다. 예를 들어, 대형 유통업체나 생활용품 제조업체에 투자할 수 있다.

2. **기술 산업** : 경제 성장에 따라 기술 산업도 빠르게 성장할 가능성이 크다. 반도체, 소프트웨어, IT 서비스 기업들을 포함하는 것이 좋다.

3. **금융 산업** : 경제 성장이 금융 산업에도 긍정적인 영향을 미친다. 대형 은행, 보험사, 자산운용사에 투자할 수 있다.

금리 인상 전망

다른 경제기사에서 한국은행이 금리 인상을 계획하고 있다는 소식을 접했다고 가정해 보자. 금리 인상은 대출 이자가 상승해 기업의 자금 조달 비용이 증가하고 소비자들의 대출 부담이 커질 수 있다.

1. **방어주** : 금리 인상기에 상대적으로 안정적인 수익을 기대할 수 있는 방어주를 포함하는 것이 좋다. 필수 소비재, 헬스케어, 유틸리티 산업이 여기에 해당한다.

2. **금** : 금리 인상기에 주식 시장의 변동성이 커질 수 있다. 안전 자산인 금에 투자해 리스크를 분산할 수 있다.

3. **채권** : 금리 인상에도 비교적 안정적인 수익을 제공하는 채권을 포트폴리오에 포함한다.

기술 혁신 소식

또 다른 기사에서 새로운 기술 혁신이 일어나고 있다는 소식을 접했다고 가정해 보자. 예를 들어, 인공지능AI 기술의 발전으로 관련 산업이 크게 성장할 것이라는 전망이 있다.

1. **기술주** : 인공지능 기술을 선도하는 기업들에 투자한다. AI 관련 소

프트웨어, 하드웨어, 서비스 기업들이 여기에 해당한다.

2. **스타트업 투자** : 기술 혁신이 빠르게 진행되는 분야에서는 유망한 스타트업*에 투자하

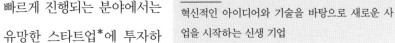

스타트업
혁신적인 아이디어와 기술을 바탕으로 새로운 사업을 시작하는 신생 기업

는 것도 좋은 전략이다. 벤처 캐피탈이나 관련 ETF(상장지수펀드)를 통해 투자할 수 있다.

3. **관련 산업** : AI 기술 발전이 영향을 미칠 다른 산업에도 투자한다. 예를 들어, AI 기술을 활용하는 의료, 자동차, 금융 산업 등이 있다.

경제기사를 바탕으로 포트폴리오를 구성하는 방법은 다양한 정보를 종합적으로 분석해 리스크를 최소화하고 수익을 극대화하는 것이다. 이를 통해 더 안정적이고 효과적인 투자 전략을 세울 수 있다.

경제기사를 읽으면 미래가 보인다

경제기사로 특정 산업의 전망을 알 수 있을까?

경제기사로 특정 산업의 전망을 알 수 있다. 경제기사는 시장 동향, 정책 변화, 기술 혁신 등의 정보를 제공하며, 이를 통해 특정 산업이 어떻게 변화할지 예측할 수 있다.

전기차 산업

경제기사에서 전기차 산업에 관한 기사를 접했다고 가정해 보자. 기사에서는 정부가 전기차 보조금을 대폭 확대하고, 주요 자동차 제조사들이 전기차 생산을 늘리고 있다는 내용을 다룬다.

1. **정책 변화 분석** : 정부의 전기차 보조금 확대는 전기차 구매를 촉진할 수 있다. 이는 전기차 수요 증가로 이어지고, 관련 산업의 성장을 촉진할 수 있다. 따라서 전기차 제조사뿐만 아니라 배터리 제조사, 충전 인프라 기업 등 관련 기업들의 전망이 밝을 수 있다.

2. **산업 성장률 예측** : 기사에서 주요 자동차 제조사들이 전기차 생산을 늘리고 있다는 내용은 산업 전반의 생산 능력이 확대되고 있음을 의미한다. 이는 전기차 산업의 성장률이 높아질 가능성을 시사한다. 따라서 이 정보를 바탕으로 전기차 산업에 대한 긍정으로 전망할 수 있다.

3. **기업 분석** : 전기차 산업 내에서 경쟁력 있는 기업을 분석할 수 있다. 예를 들어, 테슬라와 같은 선도 기업뿐만 아니라, 혁신적인 기술을 보유한 신생 기업도 주목할 만하다. 기사를 통해 기업들의 전략, 기술 개발 현황 등을 파악해 유망한 투자 대상을 찾을 수 있다.

재생 에너지 산업

다른 경제기사에서 재생 에너지 산업에 관한 기사를 접했다고 가정해보자. 기사에서는 글로벌 기후 변화 대응을 위해 각국 정부가 재생 에너지 투자를 확대하고 있다는 내용을 다룬다.

1. **글로벌 동향 파악** : 각국 정부의 재생 에너지 투자 확대는 산업 전반에 긍정적인 영향을 미칠 수 있다. 특히 태양광, 풍력 등 재생 에너지 분야에서 수요가 증가할 것이다. 이를 통해 재생 에너지 산업의 전망이 밝다는 결론을 도출할 수 있다.

2. **기술 혁신 분석** : 기사에서는 최신 기술 동향도 다룬다. 예를 들어, 태양광 패널의 효율성이 크게 개선되었다는 내용이 있다면, 이는 태양광 산업의 경쟁력을 강화하고, 비용 절감을 통해 더 많은 프로젝트가 진행될 수 있음을 의미한다.

3. 시장 기회 식별 : 재생 에너지 산업에서 새로운 시장 기회를 식별할

수 있다. 예를 들어, 에너지저

장시스템*(ESS) 관련 기술이

나, 재생 에너지와 전기차를

에너지저장시스템(Energy Storage System)
전력 생산과 소비의 불균형을 해소하고 전력 계통
의 안정성을 높이기 위한 시스템

연결하는 스마트 그리드 기술 등이 주목받고 있다면, 관련 기업에

투자할 기회를 찾을 수 있다.

경제기사로 특정 산업의 전망을 파악할 때는 다음과 같은 종합적 접근

이 필요하다.

1. 다양한 기사 읽기

한 기사만으로 결론을 내리지 말고, 다양한 기사를 읽고 정보를 종합해야 한다. 이를 통해 산업 전반의 흐름을 더 잘 이해할 수 있다.

2. 정책과 시장 분석

정부 정책, 시장 수요, 기술 혁신 등의 정보를 분석해 산업의 미래를 예측해야 한다. 특히 정책 변화는 산업에 큰 영향을 미칠 수 있으므로 주의 깊게 살펴봐야 한다.

3. 기업 경쟁력 평가

산업 내에서 경쟁력 있는 기업들을 평가해야 한다. 기업의 재무 상태, 기술력, 시장 점유율 등을 분석해 투자 대상을 선정하는 것이 중요하다.

경제기사를 통해 특정 산업의 전망을 파악하는 것은 투자 결정을 내리는 데 큰 도움이 된다. 다양한 정보를 종합적으로 분석하고, 변화하는 시장 상황에 맞춰 유연하게 대응하는 것이 중요하다.

07

경제기사와 장기 투자 전략은 어떻게 연결될까?

경제기사는 장기 투자 전략을 세우는 데 중요한 역할을 한다. 경제기사는 시장 동향, 경제 정책, 기업의 장기 성장 가능성 등에 대한 정보를 제공하여 투자자가 장기적으로 유망한 투자처를 찾는 데 도움을 준다.

기술 혁신과 장기 투자

경제기사에서 인공지능(AI) 기술이 빠르게 발전하고 있으며, 다양한 산업에서 AI 기술을 도입하고 있다는 내용을 접했다고 가정해 보자. 이러한 정보는 AI 기술이 앞으로 더욱 중요해질 것임을 시사한다.

1. **기술 산업에 집중 투자** : AI 기술의 발전은 장기적으로 기술 산업 전체에 긍정적인 영향을 미칠 가능성이 크다. 따라서 AI 기술을 개발하거나 활용하는 기업들에 장기적으로 투자하는 것이 좋다.

2. **관련 기업 분석** : AI 기술을 선도하는 기업들, 예를 들어 구글, 마이

크로소프트, 아마존 등의 기업에 대해 깊이 있게 분석하고, 장기적인 투자 대상으로 삼을 수 있다.

3. **ETF 투자** : 개별 기업에 대한 리스크를 줄이기 위해 AI 관련 ETF(상장지수펀드)에 투자하는 것도 좋은 전략이다. 이를 통해 AI 산업 전체의 성장 혜택을 누릴 수 있다.

인구 고령화와 장기 투자

다른 경제기사에서 세계적으로 인구 고령화가 진행되고 있으며, 이에 따라 헬스케어 산업이 급성장하고 있다는 내용을 접했다고 가정해 보자. 고령화는 장기적으로 헬스케어 서비스와 제품에 대한 수요를 증가시킬 것이다.

1. **헬스케어 산업* 투자** : 고령화 사회에서는 의료 서비스, 제약, 의료기기 등의 수요가

> **헬스케어 산업**
> 의료, 제약, 바이오 등 다양한 분야를 포함하는 거대한 산업 분야

증가할 것이므로, 헬스케어 산업에 장기적으로 투자하는 것이 유망하다.

2. **유망 기업 발굴** : 예를 들어, 고령화 관련 헬스케어 서비스를 제공하는 기업, 혁신적인 제약사를 발굴해 장기 투자 대상으로 삼을 수 있다. 존슨앤드존슨, 화이자와 같은 대형 제약사나, 최신 의료 기술을 개발하는 바이오테크 기업들이 좋은 예이다.

3. **장기적 성장성 평가** : 기업의 재무제표, 기술력, 시장 점유율 등을 분석해 장기적인 성장 가능성을 평가하고 투자 결정을 내린다.

재생 에너지와 장기 투자

또 다른 기사에서 각국 정부가 기후 변화에 대응하기 위해 재생 에너지에 대한 투자를 크게 확대하고 있다는 내용을 접했다고 가정해 보자. 이는 재생 에너지 산업이 장기적으로 성장할 가능성이 크다는 것을 의미한다.

1. **재생 에너지 산업* 투자** : 태양광, 풍력, 수소 에너지 등 재생 에너지 산업에 장기적으로 투자하는 것이 유망하다.

> **재생에너지 산업**
> 태양광, 풍력, 수력, 지열, 바이오매스 등 무한정 공급 가능한 자연 에너지원을 활용하여 전기와 열을 생산하는 산업 분야

2. **관련 기업 선택** : 예를 들어, 태양광 패널 제조사, 풍력 발전 설비 업체, 수소 연료 전지 개발 기업 등을 분석해 투자할 수 있다. 넥스트에라 에너지, 테슬라, Vestas와 같은 기업들이 여기에 해당한다.

3. **장기적 시장 동향 파악** : 재생 에너지 관련 정책 변화, 기술 발전, 시장 수요 등을 지속적으로 모니터링하며, 투자 전략을 조정한다.

경제기사를 활용한 장기 투자 전략을 세울 때는 다음과 같은 종합적 접근이 필요하다.

1. 다양한 정보 수집

여러 경제기사를 통해 다양한 정보를 수집하고, 이를 바탕으로 장기적인 시장 동향을 파악해야 한다.

2. 기업의 장기 성장 가능성 분석

경제기사는 기업의 현재 상황뿐만 아니라, 장기적인 성장 가능성도 다룬다. 이를 통해 유망한 기업을 발굴하고, 장기 투자 대상으로 선정할 수 있다.

3. 경제 정책과 시장 변화 모니터링

경제 정책 변화는 장기 투자에 큰 영향을 미칠 수 있다. 정부의 정책 방향을 주의 깊게 살펴보고, 이에 따라 투자 전략을 조정해야 한다.

4. 분산 투자

장기 투자에서도 리스크 관리가 중요하다. 다양한 산업과 자산에 분산 투자해 리스크를 줄이고 안정적인 수익을 추구해야 한다.

경제기사를 통해 장기 투자 전략을 세우는 것은 정보를 적극적으로 활용해 미래의 유망한 투자처를 찾는 과정이다. 이를 통해 더 안정적이고 효과적인 장기 투자 전략을 수립할 수 있다.

08

경제기사로 시장의 전반적인 동향을 어떻게 파악할까?

경제기사로 시장의 전반적인 동향을 파악하는 것은 중요한 투자 전략 중 하나이다. 경제기사는 시장의 변화, 경제 지표, 정책 변화 등을 다루며, 이를 통해 투자자는 시장의 흐름을 이해하고 대응할 수 있다.

경제 성장률 보고서

어느 날 경제기사에서 국가 통계청이 발표한 분기별 경제 성장률 보고서를 다룬 기사를 접했다고 가정해 보자. 기사 내용은 지난 분기의 GDP 성장률이 예상보다 높았고, 전망도 긍정적이라고 분석한다.

1. **경제 성장률 분석** : 높은 경제 성장률은 소비와 투자 증가를 의미한다. 이는 주식 시장에도 긍정적인 영향을 미칠 수 있다. 경제 성장이 지속될 때 기업들의 수익도 증가할 가능성이 크기 때문이다.
2. **관련 산업 분석** : 경제 성장이 특정 산업에 미치는 영향을 분석할

수 있다. 예를 들어, 경제 성장이 빠르면 소비재, 금융, 기술 산업이 더 큰 수혜를 입을 수 있다. 이를 바탕으로 해당 산업에 투자할 수 있다.

3. **투자 전략 조정** : 경제 성장률이 높을 때는 공격적인 투자 전략을 취할 수 있다. 주식의 비중을 늘리고, 성장 가능성이 높은 기업에 투자하는 것이 좋다. 반면, 경제 성장률이 낮다면 방어적인 투자 전략을 고려해야 한다.

금리 변동 소식

다른 기사에서 한국은행이 기준 금리를 인상할 것이라는 소식을 접했다고 가정해 보자. 금리 인상은 대출 이자가 상승해 기업과 소비자 모두에게 영향을 미친다.

1. **금리 변동 분석** : 금리 인상은 기업의 자금 조달 비용 증가와 소비 감소를 의미한다. 이는 주식 시장에 부정적인 영향을 미칠 수 있다. 특히 부채 비율이 높은 기업이나 금리에 민감한 산업(부동산, 자동차 등)에는 더 큰 영향을 미친다.

2. **포트폴리오 조정** : 금리 인상 소식을 접하면 포트폴리오를 조정하는 것이 필요하다. 주식 비중을 줄이고, 채권이나 금과 같은 안전 자산 비중을 늘릴 수 있다. 또한, 금리에 덜 민감한 방어주(필수 소비재, 헬스케어 등)에 투자하는 것도 좋은 전략이다.

3. **장기적 전망 평가** : 금리 인상이 지속될 가능성이 높다면, 장기적으로 금융 산업(은행, 보험) 등 금리 인상 수혜주에 대한 투자를 고려할

수 있다. 이들은 금리 상승으로 인해 이익이 증가할 가능성이 있다.

국제 무역 동향

또 다른 기사에서 주요 국가 간 무역 협상이 타결되었다는 소식을 접했다고 가정해 보자. 이는 글로벌 무역 환경에 긍정적인 영향을 미칠 수 있다.

1. **무역 협상 분석** : 무역 협상이 타결되면 글로벌 무역 장벽이 낮아지고, 수출입 활동이 활발해질 수 있다. 이는 제조업, 물류, 해운 산업 등에 긍정적인 영향을 미칠 수 있다.

2. **글로벌 시장 투자** : 무역 협상 타결로 혜택을 보는 글로벌 기업에 투자할 수 있다. 예를 들어, 주요 수출입 기업, 물류 기업 등이 있다. 또한, 해당 국가의 경제 성장에 따른 주식 시장 전체의 상승을 기대할 수 있다.

3. **리스크 관리** : 무역 협상이 타결되었더라도, 불확실성은 여전히 존재한다. 따라서 글로벌 포트폴리오를 구성할 때는 지역별, 산업별로 분산 투자를 통해 리스크를 관리하는 것이 중요하다.

경제기사로 시장의 전반적인 동향을 파악할 때는 다음과 같은 종합적 접근이 필요하다.

1. 다양한 기사 읽기

한 기사만으로 결론을 내리지 말고, 다양한 경제기사를 통해 정보를 종합적으로 분석해야 한다. 이를 통해 더 정확한 시장 예측이 가능하다.

2. 경제 지표 분석

GDP 성장률, 실업률, 소비자 물가 지수(CPI) 등 주요 경제 지표를 분석해 시장의 전반적인 동향을 파악해야 한다. 이러한 지표들은 경제 상황을 직관적으로 보여준다.

3. 정책 변화 모니터링

정부의 정책 변화는 시장에 큰 영향을 미칠 수 있다. 세금 정책, 금융 정책, 무역 정책 등의 변화를 주의 깊게 살펴보고, 이에 따라 투자 전략을 조정해야 한다.

4. 기술적 분석 결합

경제기사에서 얻은 정보를 기술적 분석과 결합해 투자 결정을 내릴 수 있다. 주가 차트, 거래량, 지표 등을 참고하면 더 나은 결정을 내릴 수 있다.

5. 리스크 관리

시장의 전반적인 동향을 파악하더라도 리스크는 항상 존재한다. 포트폴리오를 다양하게 구성해 리스크를 분산시키고, 변동성에 대비한 안전자산 비중을 늘리는 것이 중요하다.

경제기사를 통해 시장의 전반적인 동향을 파악하는 것은 투자 결정을 내리는 데 큰 도움이 된다. 다양한 정보를 종합적으로 분석하고, 변화하는 시장 상황에 맞춰 유연하게 대응하는 것이 중요하다.

경제기사를 읽으면 미래가 보인다

4장

경제기사로 본 기업 전략

경제기사를 통해 기업의 전략 변화를 읽는 방법을 다룬다. 기업의 M&A 소식이 주식 시장에 미치는 영향, 재무제표 해석, 신제품 출시 소식의 영향, 해외 진출 소식의 주식 영향, 경영진 변경 소식의 영향, 기업의 사회적 책임 활동 소식의 영향, 기업의 미래 계획 파악 방법을 설명한다. 기업 전략을 이해하고 이에 따라 투자 결정을 내릴 수 있게 한다.

경제기사에서 기업의
전략 변화를 읽을 수 있을까?

기업의 전략 변화는 경제기사에서 자주 다루는 중요한 주제이다. 기업 전략은 기업이 목표를 달성하기 위해 장기적으로 계획하고 실행하는 행동 지침이다. 예를 들어, 시장 점유율 확대, 새로운 시장 진출, 제품 다양화 등이 있다.

이제 실제 사례를 통해 기업의 전략 변화가 경제기사에서 어떻게 다루어지는지 알아보자.

스마트폰 시장의 변화

몇 년 전, A 기업은 주로 저가형 스마트폰을 생산하며 가격 경쟁력을 내세웠다. 그러나 시간이 지나면서 시장의 요구가 변했고, 소비자들은 더 고성능의 스마트폰을 원하게 되었다. 이에 A 기업은 고가형 스마트폰 시장으로 전략을 변경했다.

경제기사에서는 이 변화를 다음과 같이 설명할 수 있다.

제목 : A 기업, 고가형 스마트폰 시장으로 전략 전환

A 기업은 최근 고가형 스마트폰 시장으로의 전략 전환을 발표했다. 이는 소비자들의 고성능 스마트폰에 대한 수요 증가에 따른 결정이다. A 기업은 기존의 저가형 스마트폰에서 벗어나 고성능 카메라와 최신 프로세서를 탑재한 프리미엄 모델을 출시할 계획이다. 이번 전략 변화는 시장 점유율 확대와 브랜드 이미지 개선을 목표로 하고 있다.

전문가들은 A 기업의 이번 전략이 성공할 것으로 예상한다. 고가형 시장에서 경쟁하고 있는 다른 기업들과 비교해도 A 기업의 기술력은 뒤지지 않는다. 또한, 충성도 높은 고객층을 확보한 점도 긍정적인 요인으로 작용할 것이다.

이처럼 경제기사에서는 기업의 전략 변화가 어떤 배경에서 이루어졌는지, 그 변화가 어떤 영향을 미칠 것인지 등을 설명한다. 이를 통해 독자들은 기업이 왜 그런 결정을 내렸는지, 앞으로 어떤 결과를 기대할 수 있는지를 알 수 있다.

경제기사에서 기업의 전략 변화를 이해하는 데 도움이 되는 몇 가지 포인트에 대해 알아보자.

1. **배경 설명** : 기업이 왜 전략을 변경했는지, 어떤 시장 변화나 소비자 요구가 있었는지 설명한다.

2. **구체적인 변화 내용** : 기업이 어떤 부분에서 어떻게 변화를 꾀하고 있는지 구체적으로 다룬다.
3. **전문가 의견** : 경제학자나 업계 전문가의 견해를 통해 전략 변화의 가능성과 예상 결과를 분석한다.
4. **미래 전망** : 기업의 전략 변화가 시장에 어떤 영향을 미칠지, 기업의 향후 계획은 무엇인지 예측한다.

이러한 요소들을 포함한 경제기사를 통해 독자들은 기업의 전략 변화를 쉽게 이해할 수 있다.

기업의 M&A 소식이
주식 시장에 미치는 영향은?

M&A란 기업 인수(Merger)와 합병(Acquisition)의 약자로, 한 기업이 다른 기업을 인수하거나 두 기업이 합병하여 하나의 기업이 되는 것을 의미한다. 이는 기업의 성장 전략 중 하나로, 시장 점유율 확대, 기술 확보, 경쟁력 강화 등을 목적으로 한다.

기업의 M&A 소식은 주식 시장에 다양한 영향을 미칠 수 있다. 이를 이해하기 위해 예제를 통해 구체적으로 살펴보자.

A 기업과 B 기업의 M&A

A 기업이 B 기업을 인수한다고 발표했다고 가정해보자. 이 소식이 주식 시장에 어떤 영향을 미칠지 단계별로 알아보자.

1. 초기 반응

- A 기업 주가 : 일반적으로 인수 기업(A 기업)의 주가는 하락하는 경향이 있다. 이는 인수 과정에서 발생하는 비용 부담과 통합 과정에서의 리스크 때문이다.
- B 기업 주가 : 반대로, 피인수 기업(B 기업)의 주가는 상승하는 경향이 있다. 이는 인수 제안이 B 기업 주주들에게 프리미엄(시장가보다 높은 가격)을 제시하기 때문이다.

2. 중기 반응

- 시장 평가 : M&A가 시장에서 긍정적으로 평가되면, 시간이 지나면서 A 기업의 주가도 상승할 수 있다. 예를 들어, B 기업의 기술력이 A 기업의 경쟁력을 강화하거나, 두 기업의 시너지가 예상보다 높게 나타날 경우이다.
- 통합 과정 : 통합이 순조롭게 진행되면, 비용 절감 효과와 매출 증가가 기대된다. 이는 A 기업의 장기적인 주가 상승으로 이어질 수 있다.

3. 장기 반응

- 성공적인 M&A : M&A가 성공적으로 완료되고 시너지가 발휘되면, 두 기업의 주가는 모두 상승할 가능성이 크다. 이는 통합된 기업의 경쟁력 강화와 시장 점유율 확대 때문이다.
- 실패 사례 : 반면, 통합 과정에서 문제가 발생하거나 예상된 시너지를 발휘하지 못하면, 두 기업의 주가는 모두 하락할 수 있다.

기업의 M&A 소식은 주식 시장에 즉각적인 영향을 미치며, 장기적으로는 통합의 성공 여부에 따라 주가가 변동할 수 있다. M&A 발표 직후의 주가 변동을 이해하고, 통합 과정과 시장 평가를 지속적으로 주시하는 것이 중요하다.

경제기사를 읽으면 미래가 보인다

기업의 재무제표를
경제기사에서 어떻게 해석할까?

기업의 재무제표는 기업의 재정 상태와 경영 성과를 보여주는 중요한 자료이다.

재무제표는 주로 세 가지로 구성된다.

1. **대차대조표** : 특정 시점의 자산, 부채, 자본을 보여준다.

2. **손익계산서** : 일정 기간의 수익과 비용, 이익을 나타낸다.

3. **현금흐름표** : 일정 기간의 현금 유입과 유출을 기록한다.

A 기업의 재무제표를 경제기사를 통해 해석해 보자. A 기업은 전자제품을 제조하는 기업이다.

대차대조표 해석

대차대조표는 특정 시점에서 기업의 자산, 부채, 자본을 보여준다. 예를 들어, A 기업의 대차대조표에서 자산*이 10억 원, 부채*가 6억 원, 자본*이 4억 원이라고 한다면, 이 기업은 총 10억 원의 자산을 보유하고 있으며, 그중 6억 원은 부채로, 4억 원은 자본으로 이루어져 있다.

자산(Assets)
기업이 소유하고 있는 모든 경제적 자원
부채(Liabilities)
기업이 외부로부터 빌린 금액
자본(Equity)
기업의 순자산, 즉 자산에서 부채를 차감한 잔액

손익계산서 해석

손익계산서는 일정 기간의 수익과 비용을 보여준다. 예를 들어, A 기업의 손익계산서에서 매출이 20억 원, 영업이익이 3억 원, 당기순이익이 2.5억 원이라면, 이 기업은 20억 원의 매출을 올리고, 그중 3억 원을 영업이익으로, 2.5억 원을 당기순이익으로 기록했다.

현금흐름표 해석

현금흐름표는 일정 기간의 현금 유입과 유출을 보여준다. 예를 들어, A 기업의 현금흐름표에서 영업활동으로 인한 현금흐름이 3억 원, 투자활동으로 인한 현금흐름이 -1억 원, 재무활동으로 인한 현금흐름이 -0.5억 원이라면, 이 기업은 영업활동을 통해 3억 원의 현금을 창출하고, 투자와 재무활동을 통해 각각 1억 원과 0.5억 원을 지출했다.

경제기사는 재무제표의 주요 항목을 독자들이 쉽게 이해할 수 있도록 해석해 준다.

경제기사를 읽으면 미래가 보인다

제목 : A 기업, 2023년 당기순이익 2.5억 원 기록

A 기업은 2023년에 매출 20억 원을 달성하며, 전년 대비 10% 성장을 기록했다. 매출원가를 제외한 매출총이익은 8억 원으로, 안정적인 수익 구조를 보여주었다. 판매비와 관리비로 5억 원을 지출한 결과, 영업이익은 3억 원으로 집계되었다. 기타 수익 1억 원과 기타 비용 0.5억 원을 고려한 당기순이익은 2.5억 원에 달했다.

A 기업은 현재 10억 원의 자산을 보유하고 있으며, 6억 원의 부채를 가지고 있다. 이는 기업의 재정 건전성을 평가하는 데 중요한 지표이다. 또한, 올해 영업활동을 통해 3억 원의 현금을 창출했으나, 투자와 재무활동으로 인해 총 1.5억 원의 현금을 지출했다. 이는 기업의 현금흐름 상태를 보여주는 중요한 지표이다.

이처럼 경제기사는 재무제표의 주요 항목을 분석하여 독자들이 기업의 재정 상태와 경영 성과를 쉽게 이해할 수 있도록 설명한다. 이를 통해 독자들은 기업의 재무 건전성과 경영 성과를 파악하고, 투자 결정을 내리는 데 도움을 받을 수 있다.

신제품 출시 소식이 기업에 미치는 영향은?

신제품 출시는 기업의 성장과 시장 점유율 확대를 위한 중요한 전략이다.

신제품 출시는 기업이 기존 제품 라인을 확장하거나 새로운 시장에 진입하는 것을 의미한다. 이는 소비자들의 관심을 끌고, 매출을 증가시키며, 기업의 브랜드 이미지를 강화하는 데 중요한 역할을 한다. 신제품 출시를 성공적으로 이끌어내면 기업은 경쟁 우위를 확보할 수 있으며, 이는 장기적인 수익성에도 긍정적인 영향을 미칠 수 있다.

A 기업의 신제품 출시

A 기업은 스마트폰을 제조하는 회사이다. 최근 A기업은 최신 기술을 적용한 새로운 스마트폰 모델을 출시한다고 발표했다. 이 소식이 기업에 어떤 영향을 미칠지 단계별로 알아보자.

1. 초기 반응

- 주식 시장 반응 : 신제품 출시 발표는 일반적으로 긍정적인 시장 반응을 끌어낸다. 투자자들은 새로운 제품이 매출과 이익을 증가시킬 것으로 기대하기 때문에 주가가 상승할 가능성이 크다. 예를 들어, A 기업의 신제품 출시 소식이 발표되자 주가가 5% 상승했다.
- 소비자 반응 : 소비자들은 새로운 제품에 관한 관심과 기대감이 높아지며, 출시 전부터 사전 예약이나 관심 등록이 증가할 수 있다. 이는 초기 매출 증대로 이어질 가능성이 있다.

2. 중기 반응

- 매출 증가 : 신제품이 시장에 성공적으로 안착하면 매출이 증가하게 된다. 예를 들어, A 기업의 새로운 스마트폰 모델이 출시 후 첫 달에 50만 대 판매되며 매출이 급증했다.
- 시장 점유율 확대 : 성공적인 신제품 출시는 기존 시장 점유율을 확대하거나 새로운 시장을 개척하는 데 도움이 된다. A 기업은 이번 신제품 출시로 고급 스마트폰 시장에서 점유율을 10%에서 15%로 확대했다.

3. 장기 반응

- 브랜드 이미지 강화 : 신제품의 성공은 기업의 브랜드 이미지를 강화하는 데 큰 역할을 한다. A 기업은 혁신적인 기술과 디자인으로 소비자들에게 긍정적인 이미지를 심어주었다.

- 경쟁력 강화 : 신제품 출시는 경쟁사들과의 차별화를 가능하게 하며, 기업의 경쟁력을 강화한다. A 기업은 경쟁사보다 앞선 기술력을 통해 시장에서 우위를 점할 수 있었다.

경제기사는 신제품 출시에 따른 기업의 변화를 독자들이 쉽게 이해할 수 있도록 해석해 준다.

제목 : A 기업, 신제품 출시로 주가 5% 상승

A 기업은 최근 최신 기술을 적용한 새로운 스마트폰 모델을 출시한다고 발표했다. 이 소식에 주식 시장은 긍정적으로 반응하며, A 기업의 주가는 5% 상승했다. 소비자들의 높은 관심 속에 사전 예약이 폭주하고 있으며, 출시 첫 달에 50만 대 판매를 기록하며 매출이 급증했다.

이번 신제품 출시는 A 기업의 시장 점유율을 10%에서 15%로 확대하는 데 이바지했다. 또한, 혁신적인 기술과 디자인으로 소비자들에게 긍정적인 브랜드 이미지를 심어주며, 경쟁사와의 차별화를 가능하게 했다. A 기업은 이번 신제품 출시로 시장에서의 경쟁력을 한층 강화할 것으로 기대된다.

이처럼 경제기사는 신제품 출시에 따른 기업의 변화와 그 영향을 종합적으로 분석하여 독자들이 쉽게 이해할 수 있도록 설명한다.

기업의 해외 진출 소식이
주식에 미치는 영향은?

기업의 해외 진출은 새로운 시장을 개척하고, 글로벌 경쟁력을 강화하기 위한 중요한 전략이다.

해외 진출은 기업이 국내 시장을 넘어 해외 시장에 진입하여 제품이나 서비스를 판매하는 것을 의미한다. 이는 매출 증대, 시장 다변화, 글로벌 브랜드 강화 등의 목표를 가지고 있다.

A 기업의 해외 진출

A 기업은 전자제품을 제조하는 회사이다. 최근 A 기업은 유럽 시장에 진출한다고 발표했다. 이 소식이 주식에 어떤 영향을 미칠지 단계별로 알아보자.

1. 초기 반응

- 주식 시장 반응 : 해외 진출 발표는 일반적으로 긍정적인 시장 반응을 끌어낸다. 투자자들은 새로운 시장에서의 매출 증대 가능성을 기대하기 때문에 주가가 상승할 가능성이 크다. 예를 들어, A 기업의 유럽 시장 진출 소식이 발표되자 주가가 7% 상승했다.
- 투자자 기대감 : 투자자들은 해외 시장 진출이 기업의 성장 가능성을 높여줄 것으로 기대하며, 긍정적인 투자 심리를 형성한다.

2. 중기 반응

- 매출 증가 : 해외 시장에서의 매출이 실제로 증가하면 기업의 재무 성과가 개선된다. 예를 들어, A 기업이 유럽 시장 진출 후 첫해에 500억 원의 매출을 기록했다.
- 시장 점유율 확대 : 성공적인 해외 진출은 글로벌 시장 점유율을 확대하는 데 이바지한다. A 기업은 유럽 시장에서 5%의 점유율을 확보했다.

3. 장기 반응

- 브랜드 이미지 강화 : 해외 진출이 성공하면 글로벌 브랜드로서의 인지도가 상승한다. A 기업은 유럽 시장에서의 성공으로 글로벌 브랜드 이미지를 강화했다.
- 경쟁력 강화 : 해외 진출은 기업의 경쟁력을 높이는 데 도움이 된다. A 기업은 유럽 시장 진출을 통해 기술력과 제품 품질을 인정받았다.

경제기사는 해외 진출 소식에 따른 기업의 변화를 독자들이 쉽게 이해할 수 있도록 해석해 준다.

제목 : A 기업, 유럽 시장 진출 발표로 주가 7% 상승

A 기업은 최근 유럽 시장에 진출한다고 발표했다. 이 소식에 주식 시장은 긍정적으로 반응하며, A 기업의 주가는 7% 상승했다. 투자자들은 A 기업의 해외 시장에서의 성장 가능성을 높이 평가하며, 긍정적인 투자 심리를 형성했다.

A 기업은 유럽 시장 진출 후 첫해에 500억 원의 매출을 기록하며, 성공적인 진출을 이루었다. 이를 통해 글로벌 시장에서 5%의 점유율을 확보하였으며, 브랜드 이미지와 경쟁력을 한층 강화했다. 유럽 시장에서의 성공은 A 기업의 글로벌 브랜드 인지도를 높이는 데 큰 역할을 했다.

이처럼 경제기사는 해외 진출 소식에 따른 기업의 변화와 그 영향을 종합적으로 분석하여 독자들이 쉽게 이해할 수 있도록 설명한다. 해외 진출이 주식에 미치는 영향을 이해하면, 투자자들은 더욱 현명한 투자 결정을 내릴 수 있다.

경제기사를 읽으면 미래가 보인다

경영진 변경 소식이 기업에 미치는 영향은?

경영진 변경은 기업의 전략과 운영에 큰 영향을 미칠 수 있는 중요한 사건이다. 경영진 변경은 CEO나 주요 임원진이 교체되는 것을 의미한다. 이는 새로운 전략 도입, 조직 문화 변화, 경영 방식의 변화를 불러올 수 있으며, 기업의 미래에 큰 영향을 미친다.

A 기업의 경영진 변경

A 기업은 기술 기반의 대기업이다. 최근 A기업은 새로운 CEO를 선임한다고 발표했다. 이 소식이 기업에 어떤 영향을 미칠지 단계별로 알아보자.

1. 초기 반응
 - 주식 시장 반응 : 경영진 변경 발표는 일반적으로 시장의 큰 관심을

끌며, 주가에 즉각적인 영향을 미칠 수 있다. 새로운 CEO가 긍정적인 평판을 가진 인물이라면 주가는 상승할 가능성이 크다. 예를 들어, A 기업이 유명한 기술 전문가를 CEO로 선임한다고 발표하자 주가가 5% 상승했다.

- 투자자 기대감 : 투자자들은 새로운 경영진이 기업에 새로운 전략과 혁신을 가져올 것으로 기대하며, 긍정적인 투자 심리를 형성한다.

2. 중기 반응

- 경영 전략 변화 : 새로운 경영진이 도입되면, 기업의 전략 방향이 변화할 수 있다. 예를 들어, A 기업의 새로운 CEO가 취임 후 혁신적인 제품 개발과 글로벌 시장 확장을 추진하면서 기업의 매출이 증가했다.
- 조직 문화 변화 : 경영진 변경은 조직 문화에도 영향을 미칠 수 있다. 새로운 경영진의 리더십 스타일에 따라 조직의 분위기와 직원들의 사기가 변화할 수 있다.

3. 장기 반응

- 성장 가능성 : 새로운 경영진이 성공적으로 자리 잡고, 기업의 성장을 끌어낸다면, 장기적으로 기업의 주가와 가치가 상승할 수 있다. A 기업은 새로운 CEO의 리더십 아래 매출과 이익이 꾸준히 증가하며, 장기적인 성장 가능성을 입증했다.
- 위험 요소 : 반대로, 새로운 경영진이 기업 문화에 적응하지 못하거나, 전략이 실패하면 기업의 실적이 악화할 수 있다. 이 경우 주가는

경제기사를 읽으면 미래가 보인다

하락할 가능성이 있다.

경제기사는 경영진 변경 소식에 따른 기업의 변화를 독자들이 쉽게 이해할 수 있도록 해석해 준다.

제목 : A 기업, 새로운 CEO 선임으로 주가 5% 상승

A 기업은 최근 유명한 기술 전문가를 새로운 CEO로 선임한다고 발표했다. 이 소식에 주식 시장은 긍정적으로 반응하며, 기업의 주가는 5% 상승했다. 투자자들은 새로운 CEO가 기업에 혁신적인 변화를 가져올 것으로 기대하며, 긍정적인 투자 심리를 형성했다.

새로운 CEO는 취임 후 혁신적인 제품 개발과 글로벌 시장 확장을 추진하며, 기업의 매출 증가에 이바지했다. 또한, 새로운 리더십 스타일로 조직 문화를 변화시켜 직원들의 사기를 높였다. 장기적으로 A 기업은 새로운 CEO의 리더십 아래 지속적인 성장을 기대할 수 있다.

이처럼 경제기사는 경영진 변경 소식에 따른 기업의 변화와 그 영향을 종합적으로 분석하여 독자들이 쉽게 이해할 수 있도록 설명한다.

07

기업의 사회적 책임 활동 소식이 주식 시장에 미치는 영향은?

기업의 사회적 책임(CSR) 활동은 기업이 사회와 환경에 긍정적인 영향을 미치기 위해 노력하는 활동을 의미한다. CSR은 Corporate Social Responsibility의 약자로, 기업이 이윤 추구뿐만 아니라 사회적, 환경적 책임을 다하는 것을 의미한다. 이는 기업의 지속 가능성을 높이고, 소비자와 투자자의 신뢰를 강화하는 데 중요한 역할을 한다.

A 기업의 CSR 활동

A 기업은 전자제품을 제조하는 회사이다. 최근 A 기업은 환경 보호를 위한 대규모 CSR 활동을 발표했다. 이 소식이 주식 시장에 어떤 영향을 미칠지 단계별로 알아보자.

1. 초기 반응

- 주식 시장 반응 : CSR 활동 발표는 일반적으로 긍정적인 시장 반응을 끌어낼 수 있다. 투자자들은 기업의 사회적 책임 활동이 브랜드 이미지와 평판을 개선시킬 것으로 기대하기 때문이다. 예를 들어, A 기업이 환경 보호를 위한 대규모 CSR 활동을 발표하자 주가가 3% 상승했다.

- 소비자 신뢰 : 소비자들은 CSR 활동을 통해 기업에 대한 신뢰가 높아지고, 제품에 대한 긍정적인 인식을 가지게 된다. 이는 매출 증가로 이어질 수 있다.

2. 중기 반응

- 브랜드 이미지 강화 : CSR 활동이 지속적으로 이루어지면, 기업의 브랜드 이미지가 강화된다. A 기업은 환경 보호 활동을 통해 친환경 기업으로서의 이미지를 구축하게 되었다.

- 투자자 관심 증가 : ESG*(환경, 사회, 지배구조) 투자가 중요해지면서 CSR 활동이 활발한 기업에 대한 투자자들의 관심이 증가할 수 있다. A 기업은 CSR 활동을 통해 ESG 투자자들의 관심을 끌게 되었다.

> **ESG**
> 환경(Environment), 사회(Social), 지배구조(Governance)의 약자로, 기업의 지속 가능성과 윤리적 영향을 평가하는 세 가지 주요 기준.
> 이 개념은 투자자들이 기업의 비재무적 요소를 고려하여 투자 결정을 내리기 위해 사용됨.

3. 장기 반응

- 장기적인 재무 성과 개선 : CSR 활동이 장기적으로 기업의 재무 성
  과에 긍정적인 영향을 미칠 수 있다. 이는 소비자 신뢰 증가, 브랜드
  이미지 개선, 투자자 관심 증가 등이 복합적으로 작용한 결과이다. A
  기업은 지속적인 CSR 활동을 통해 매출과 이익이 꾸준히 증가하였다.
- 위험 관리 : CSR 활동은 기업이 직면할 수 있는 다양한 리스크를
  관리하는 데 도움이 된다. 환경 보호 활동을 통해 A 기업은 환경 규
  제 강화에 따른 리스크를 효과적으로 관리할 수 있었다.

경제기사는 CSR 활동 소식에 따른 기업의 변화를 독자들이 쉽게 이해
할 수 있도록 해석해준다.

제목 : A 기업, 환경 보호 위한 CSR 활동 발표로 주가 3% 상승

A 기업은 최근 환경 보호를 위한 대규모 CSR 활동을 발표했다. 이 소식에 주식 시
장은 긍정적으로 반응하며, 기업의 주가는 3% 상승했다. 투자자들은 A 기업의 사
회적 책임 활동이 브랜드 이미지와 평판을 개선할 것으로 기대한다.

A 기업은 환경 보호 활동을 통해 친환경 기업으로서의 이미지를 구축하며, 소비자
들의 신뢰를 얻고 있다. 또한, CSR 활동이 ESG 투자자들의 관심을 끌면서, 투자
자들 사이에서 A 기업에 대한 긍정적인 평가가 이어지고 있다.

장기적으로 A 기업은 CSR 활동을 통해 매출과 이익이 꾸준히 증가할 것으로 예상
되며, 환경 규제에 따른 리스크도 효과적으로 관리하고 있다. 이는 A 기업이 지속
가능한 성장을 이룰 수 있는 기반을 마련한 것으로 평가된다.

이처럼 경제기사는 CSR 활동 소식에 따른 기업의 변화와 그 영향을 종합적으로 분석하여 독자들이 쉽게 이해할 수 있도록 설명한다.

08

경제기사에서 기업의
미래 계획을 어떻게 파악할 수 있을까?

기업의 미래 계획은 투자자와 이해관계자들에게 중요한 정보이다. 기업의 미래 계획은 기업이 앞으로 실행하려는 전략과 목표를 의미한다. 이는 신제품 개발, 시장 확장, 인수합병, 기술 혁신, ESG(환경, 사회, 지배구조) 전략 등 다양한 요소를 포함할 수 있다. 이러한 계획은 기업의 성장 가능성과 방향성을 판단하는 데 중요한 역할을 한다.

A 기업의 미래 계획

A 기업은 전기차를 제조하는 회사이다. 최근 A 기업은 미래 계획을 발표했다. 이 계획이 경제기사에서 어떻게 다뤄지는지 살펴보자.

1. 공식 발표 내용

- 기업의 발표 : A 기업은 보도자료, 연례 보고서, 주주 서한 등을 통해 미래 계획을 발표한다. 예를 들어, A 기업이 2025년까지 새로운 전기차 모델 3종을 출시하고, 2030년까지 전기차 판매량을 현재의 3배로 늘리겠다는 계획을 발표했다.

2. 시장 분석
- 시장 동향 분석 : 기업의 계획이 시장에서 어떻게 받아들여질지를 분석한다. 이는 시장의 성장 가능성, 경쟁사 동향 등을 고려한다. 예를 들어, 전기차 시장의 급성장을 언급하며 A 기업의 계획이 타당하다고 평가할 수 있다.

3. 전문가 의견
- 전문가 인터뷰 : 전문가의 의견을 통해 기업의 미래 계획에 대한 신뢰성을 높인다. 예를 들어, 자동차 산업 전문가의 인터뷰를 통해 A 기업의 기술력과 시장 전망을 긍정적으로 평가할 수 있다.

4. 재무 전망
- 재무 분석 : 기업의 미래 계획이 재무 성과에 미칠 영향을 분석한다. 이는 매출 증가, 비용 절감, 투자 유치 가능성 등을 포함한다. 예를 들어, 새로운 모델 출시로 인한 매출 증가와 생산 효율성 향상을 분석할 수 있다.

5. 리스크 평가

- 잠재적 리스크 : 기업의 계획이 직면할 수 있는 리스크를 평가한다. 이는 기술적 문제, 규제 변화, 경쟁사 대응 등을 포함한다. 예를 들어, 전기차 배터리 기술의 불확실성이나 글로벌 경기 변동을 리스크로 언급할 수 있다.

제목 : A 기업의 미래 계획 발표로 본 경제기사 해석

A 기업은 최근 2025년까지 새로운 전기차 모델 3종을 출시하고, 2030년까지 전기차 판매량을 현재의 3배로 늘리겠다는 야심 찬 계획을 발표했다. 전기차 시장이 급성장하고 있는 상황에서, A 기업의 새로운 모델 출시와 판매량 확대 계획은 매우 타당한 전략으로 평가받고 있다.

자동차 산업 전문가인 김 박사는 "A 기업의 기술력과 시장을 선도하는 전략은 매우 인상적이다"라고 평가했다. 새로운 모델 출시로 인한 매출 증대와 생산 효율성 향상으로 A 기업의 재무 전망은 밝다. 다만, 전기차 배터리 기술의 불확실성과 글로벌 경기 변동이 잠재적 리스크로 작용할 수 있다.

이처럼 경제기사는 기업의 미래 계획을 종합적으로 분석하여 독자들이 쉽게 이해할 수 있도록 제공한다.

5장

경제기사와 정책 변화

경제기사에서 정부의 새로운 정책을 파악하는 방법을 다룬다. 정책 변화가 시장에 미치는 영향, 세제 개편 이해, 금리 정책 변화의 영향, 무역 정책 변화가 기업에 미치는 영향, 환경 정책 변화가 특정 산업에 미치는 영향, 규제 변화 소식의 활용 방법, 정책 변화에 따른 투자 전략 수립 방법을 설명한다.

경제기사에서 정부의
새로운 정책을 어떻게 파악할까?

경제기사를 읽을 때 정부의 새로운 정책을 파악하는 것은 매우 중요하다. 이는 개인의 경제 활동뿐만 아니라 기업의 경영 전략에도 큰 영향을 미친다. 그렇다면 경제기사에서 정부의 새로운 정책을 어떻게 파악할 수 있는지 알아보자.

첫째, 정책 발표 기사에 주목하라

정부는 주요 정책을 발표할 때 언론을 통해 공식적으로 알린다. 예를 들어, "정부, 소득세 인하 발표"라는 기사가 있다면 이는 정부가 소득세를 줄이기로 했음을 의미한다. 이런 기사는 주로 경제 섹션의 주요 기사로 다뤄지며, 정책의 구체적인 내용과 목적, 예상되는 효과가 상세히 설명된다.

정부는 소득세 인하 정책을 발표하면서 국민의 가처분 소득을 늘려 소비를 촉진하고 자 한다고 밝혔다. 이번 정책으로 연간 소득 5천만 원 이하 가구는 세 부담이 크게 줄어 들 것으로 예상된다.

둘째, 경제 전문가의 분석을 참고하라

경제기사는 종종 경제 전문가나 학자의 분석을 포함한다. 이들은 새로운 정책이 경제 전반에 어떤 영향을 미칠지 설명하고 예측한다. 이를 통해 일반 독자도 정책의 중요성과 결과를 쉽게 이해할 수 있다.

백경제 경제학 교수는 '소득세 인하 정책은 단기적으로 소비를 촉진해 경제 성장에 긍 정적인 영향을 미칠 것'이라며 '하지만 장기적으로는 재정 적자 확대를 우려할 필요가 있다'라고 말했다.

셋째, 정책 관련 인터뷰와 보도 자료를 확인하라

정부 부처나 공공기관의 공식 보도 자료는 정책의 목적과 세부 내용을 명확히 설명한다. 또한, 경제기사는 관련 부처 장관이나 정책 담당자와의 인터뷰를 통해 정책의 배경과 기대 효과를 상세히 보도한다.

홍길동 기획재정부 장관은 인터뷰에서 '이번 소득세 인하 정책은 중산층과 서민의 생 활 안정을 도모하기 위한 것'이라며 '이를 통해 내수 경제를 활성화하는 것이 목표'라 고 밝혔다.

넷째, 연관 기사와 후속 보도를 찾아보라

정부의 새로운 정책은 한 번의 기사로 끝나지 않고, 후속 보도와 관련

경제기사를 읽으면 미래가 보인다

기사가 계속해서 나온다. 이런 기사를 통해 정책의 진행 상황과 추가적인 세부 사항을 파악할 수 있다.

> 소득세 인하 정책 발표 이후, 정부는 구체적인 시행 방안을 마련 중이다. 이번 주말까지 세부 시행령을 발표할 예정이며, 이에 따른 추가적인 지원 방안도 검토 중이다.

다섯째, 경제 지표와 연관성을 이해하라

새로운 정책이 발표되면, 경제기사는 관련 경제 지표와의 연관성을 설명한다. 이는 독자가 정책의 실질적인 영향을 이해하는 데 도움이 된다. 예를 들어, 금리 인하 정책이 발표되면, 경제기사는 금리와 주택 시장, 소비자 신뢰 지수 등의 관계를 분석한다.

> 이번 소득세 인하 정책은 가계의 가처분 소득을 늘려 소비자 신뢰 지수를 상승시킬 것으로 보인다. 또한, 주택 구매 여력이 높아져 부동산 시장에도 긍정적인 영향을 미칠 것으로 예상된다.

이와 같이 경제기사를 통해 정부의 새로운 정책을 파악하는 방법을 알아보았다. 정책 발표 기사, 전문가 분석, 인터뷰와 보도 자료, 연관 기사와 후속 보도, 경제 지표와의 연관성을 통해 독자는 새로운 정책의 전반적인 내용을 쉽게 이해할 수 있다.

정책 변화가
시장에 미치는 영향은?

정부의 정책 변화는 시장에 직접적인 영향을 미친다. 이러한 영향을 이해하는 것은 개인과 기업 모두에게 중요하다. 다음은 정책 변화가 시장에 미치는 영향을 알기 쉽게 설명한 내용이다.

첫째, 금리 정책 변화

금리 정책은 한국은행이 경제를 조절하기 위해 사용하는 중요한 도구다. 금리가 오르면 대출 비용이 증가하고, 금리가 내리면 대출 비용이 감소한다. 이는 소비와 투자를 직접적으로 영향을 미친다.

한국은행이 기준 금리를 1% 인상하면, 은행 대출 금리도 오르게 된다. 이렇게 되면 기업은 자금을 빌려 새로운 프로젝트를 진행하기 어렵게 되고, 가계는 주택담보대출 상환 부담이 늘어난다. 결과적으로 소비와 투자가 줄어들면서 경제 성장이 둔화할 수 있다.

둘째, 재정 정책 변화

재정 정책은 정부의 세금과 지출을 통해 경제에 영향을 미친다. 세금을 인하하거나 정부 지출을 늘리면 경제 활동이 활성화되고, 반대로 세금을 인상하거나 지출을 줄이면 경제 활동이 위축된다.

정부가 소득세를 인하하면, 국민의 가처분 소득이 늘어나 소비가 증가할 것이다. 이는 기업의 매출 증가로 이어지며, 더 많은 고용과 투자를 유발할 수 있다. 반대로, 세금이 인상되면 가처분 소득이 줄어들어 소비가 감소하고, 경제 활동이 위축될 수 있다."

셋째, 규제 정책 변화

정부의 규제 정책은 특정 산업이나 시장의 활동을 제한하거나 촉진할 수 있다. 규제를 완화하면 기업의 활동이 활발해지고, 규제를 강화하면 기업의 활동이 제약을 받는다.

정부가 환경 규제를 완화하면, 제조업체는 생산 비용을 줄이고 더 많은 제품을 생산할 수 있게 된다. 이는 해당 산업의 성장으로 이어질 수 있다. 반대로, 환경 규제를 강화하면 제조업체는 더 큰 비용을 들여 환경 보호 장비를 설치해야 하므로 생산 비용이 증가하고, 결과적으로 제품 가격이 상승할 수 있다.

넷째, 무역 정책 변화

무역 정책은 국가 간의 무역을 조절하는 중요한 수단이다. 관세를 인상하거나 수입 제한을 강화하면 국내 산업을 보호할 수 있지만, 동시에 수출 감소와 무역 갈등을 초래할 수 있다.

정부가 특정 국가로부터의 수입품에 대해 관세를 인상하면, 해당 수입품의 가격이 상승해 국내 소비자들에게 부담이 된다. 그러나 국내 생산업체는 경쟁에서 유리한 위치를 차지할 수 있다. 반대로, 수출업체는 무역 보복으로 인해 해외 시장에서 불이익을 당할 수 있다.

다섯째, 통화 정책 변화

통화 정책은 한국은행이 통화 공급을 조절해 경제에 영향을 미치는 방법이다. 양적 완화와 같은 정책은 시장에 유동성을 공급해 경제를 활성화하고, 통화 긴축 정책은 유동성을 줄여 인플레이션을 억제한다.

한국은행이 양적 완화 정책을 통해 시중에 돈을 많이 풀면, 금리가 낮아지고 사람들이 더 많이 소비하고 투자하게 된다. 이는 경제 성장을 촉진할 수 있다. 반면, 통화 긴축 정책을 통해 시중에 돈을 줄이면 금리가 상승하고, 소비와 투자가 줄어들어 인플레이션을 억제할 수 있다.

정책 변화가 시장에 미치는 영향을 이해하는 것은 경제 활동을 계획하고 미래를 대비하는 데 중요하다. 금리, 재정, 규제, 무역, 통화 정책* 등 다양한 정책 변화가 경제에 미

통화정책
중앙은행이 경제 상황에 맞게 통화량을 조절하여 물가안정과 경제성장을 도모하는 정책

치는 영향을 잘 파악하면 개인과 기업은 더욱 현명한 경제적 결정을 내릴 수 있다.

경제기사를 통해
세제 개편을 이해할 수 있을까?

세제 개편은 정부가 경제 정책을 조정하는 중요한 도구 중 하나다. 경제기사를 통해 세제 개편을 이해하는 것은 개인과 기업 모두에게 유익하다. 그렇다면 경제기사를 통해 세제 개편을 어떻게 이해할 수 있는지 알아보자.

첫째, 세제 개편의 목적을 파악하라

정부가 세제 개편을 발표할 때는 항상 그 목적이 있다. 경제기사는 이를 명확히 설명한다. 예를 들어, 정부가 소득 불균형을 줄이기 위해 세율을 조정한다고 발표하면, 기사는 그 배경과 목적을 상세히 다룬다.

정부는 고소득층과 저소득층 간의 소득 격차를 줄이기 위해 소득세율을 조정하는 세제 개편안을 발표했다. 이번 개편안은 고소득층에 대한 세율을 인상하고, 저소득층에 대한 세금 감면 혜택을 확대하는 내용을 포함하고 있다.

둘째, 구체적인 세제 개편 내용을 이해하라

경제기사는 세제 개편의 구체적인 내용을 설명한다. 이는 새로운 세율, 세금 감면 혜택, 추가되는 세목 등 다양한 요소를 포함한다. 이러한 내용을 잘 이해하면 세제 개편이 개인이나 기업에 어떤 영향을 미칠지 파악할 수 있다.

이번 세제 개편안에 따르면 연 소득 1억 원 이상 고소득자에 대한 소득세율이 기존 35%에서 38%로 인상된다. 반면, 연 소득 3천만 원 이하 저소득자에 대해서는 세금 감면 혜택이 확대되어 연간 최대 50만 원까지 세금을 줄일 수 있다.

셋째, 전문가 의견과 분석을 참고하라

경제기사는 경제 전문가나 학자의 분석을 포함한다. 이들은 세제 개편이 경제 전반에 미치는 영향을 설명하고, 개인과 기업이 어떻게 대응해야 할지 조언한다. 이를 통해 세제 개편의 복잡한 내용을 쉽게 이해할 수 있다.

백경제 경제학 교수는 '이번 세제 개편은 소득 재분배 효과를 높여 경제적 불평등을 줄이는 데 이바지할 것'이라며 '특히 저소득층의 소비 여력을 늘려 경제 성장을 촉진할 수 있다'라고 분석했다.

넷째, 사례를 통해 이해하라

경제기사는 구체적인 사례를 통해 세제 개편이 어떤 영향을 미치는지 설명한다. 이는 세제 개편을 자신의 상황에 적용해 이해하는 데 도움이 된다.

서울에 거주하는 김철수 씨는 연 소득 2천만 원인 저소득층 가구로, 이번 세제 개편으로 인해 연간 30만 원의 세금 감면 혜택을 받게 된다. 반면, 고소득자인 박영희 씨는 연 소득 1억 2천만 원으로, 세율 인상으로 인해 연간 추가로 300만 원의 세금을 더 부담하게 된다.

다섯째, 세제 개편의 경제적 영향을 분석하라

세제 개편은 경제 전체에 다양한 영향을 미친다. 경제기사는 이러한 영향을 분석해 독자가 쉽게 이해할 수 있도록 돕는다. 이는 소비, 투자, 재정 건전성 등 여러 측면에서 분석된다.

정부의 소득세 인상 정책은 고소득층의 소비를 줄이지만, 저소득층의 소비를 촉진해 내수 경제를 활성화할 것으로 예상된다. 또한, 세수 증대로 인해 정부의 재정 건전성 이 강화될 것으로 보인다.

경제기사를 통해 세제 개편을 이해하는 것은 충분히 가능하다. 세제 개편의 목적, 구체적인 내용, 전문가 의견, 구체적인 사례, 경제적 영향 등을 종합적으로 파악하면 세제 개편이 개인과 기업에 어떤 영향을 미치는지 쉽게 이해할 수 있다. 이러한 이해를 바탕으로 적절한 재정 계획을 세우는 것이 중요하다.

금리 정책 변화가
시장에 미치는 영향은?

금리 정책은 한국은행이 경제를 조절하기 위해 사용하는 중요한 도구이다. 금리 정책의 변화는 시장에 다양한 영향을 미친다. 이를 이해하는 것은 개인의 금융 결정이나 기업의 경영 전략에 매우 중요하다. 그렇다면 금리 정책 변화가 시장에 어떻게 영향을 미치는지 알아보자.

첫째, 소비와 저축에 미치는 영향

금리가 변하면 소비와 저축 행동이 달라진다. 금리가 오르면 저축의 이자가 높아지기 때문에 사람들이 소비를 줄이고 저축을 늘리는 경향이 있다. 반대로 금리가 내리면 저축의 매력이 떨어지고, 사람들이 소비를 늘리게 된다. 금리 변화는 가계의 가처분 소득에도 영향을 미쳐, 높은 금리는 가처분 소득을 감소시키고, 낮은 금리는 가처분 소득을 증가시키는 효과가 있다.

한국은행이 기준 금리를 1% 인상하면, 은행 예금 이자율도 상승한다. 이에 따라 김철수 씨는 소비를 줄이고 저축을 늘리기로 한다. 반면, 금리가 1% 인하되면 저축의 이자가 줄어들어 김철수 씨는 소비를 늘리게 된다.

둘째, 대출과 투자에 미치는 영향

금리가 변하면 대출 비용도 변한다. 금리가 오르면 대출 비용이 증가해 개인과 기업이 돈을 빌리는 것이 부담스러워진다. 이는 소비와 투자를 줄이는 결과를 초래한다. 반대로 금리가 내리면 대출 비용이 줄어들어 소비와 투자가 늘어난다.

한국은행이 기준 금리를 0.5% 인하하면, 주택담보대출 금리도 함께 인하된다. 이에 따라 박영희 씨는 주택을 사기 위해 대출을 받기로 결정한다. 기업 역시 낮은 금리로 자금을 조달해 새로운 프로젝트에 투자할 가능성이 높아진다.

셋째, 환율에 미치는 영향

금리 변화는 환율에도 영향을 미친다. 금리가 오르면 해당 국가의 통화 가치가 상승해 수출이 줄어들고 수입이 늘어날 수 있다. 반대로 금리가 내리면 통화 가치가 하락해 수출이 증가하고 수입이 줄어드는 효과가 있다.

한국은행이 기준 금리를 인상하면, 원화 가치가 상승해 원/달러 환율이 하락한다. 이에 따라 한국의 수출 기업들은 가격 경쟁력이 떨어져 수출이 감소할 수 있다. 반면, 금리를 인하하면 원화 가치가 하락해 수출이 증가하고 수입품의 가격이 상승한다.

넷째, 주식 시장에 미치는 영향

금리 변화는 주식 시장에도 직접적인 영향을 미친다. 금리가 오르면 기업의 자금 조달 비용이 증가해 이익이 줄어들고, 주가가 하락할 가능성이 있다. 반대로 금리가 내리면 기업의 자금 조달 비용이 감소해 이익이 증가하고, 주가가 상승할 가능성이 높아진다.

미국 연방준비제도(Fed)가 기준 금리를 인하하면, 기업의 이익 전망이 밝아져 주식 시장이 활황을 맞이할 수 있다. 투자자들은 더 높은 수익을 기대하며 주식을 매수하게 되어 주가가 상승할 가능성이 높아진다.

다섯째, 부동산 시장에 미치는 영향

금리 변화는 부동산 시장에도 큰 영향을 미친다. 금리가 오르면 주택담보대출 이자율이 상승해 주택 구매 비용이 증가하고, 부동산 시장이 위축될 수 있다. 반대로 금리가 내리면 주택담보대출 이자율이 하락해 주택 구매가 활발해지고, 부동산 시장이 활성화될 수 있다.

한국은행이 기준 금리를 인하하면, 주택담보대출 금리도 함께 내려가 부동산 시장이 활기를 띨 수 있다. 주택을 사려는 사람들이 늘어나고, 부동산 가격이 상승할 가능성이 있다.

금리 정책의 변화는 소비와 저축, 대출과 투자, 환율, 주식 시장, 부동산 시장 등 경제의 여러 측면에 영향을 미친다. 경제기사를 통해 금리 정책 변화를 주의 깊게 살펴보고 그 영향을 이해하는 것이 중요하다.

무역 정책 변화가 기업에 미치는 영향은?

무역 정책은 국가 간의 상품과 서비스 교환을 조절하는 중요한 도구이다. 무역 정책의 변화는 기업의 경영 활동에 직접적인 영향을 미친다. 이를 이해하는 것은 기업의 전략 수립과 개인의 경제 활동에 매우 중요하다. 그렇다면 무역 정책 변화가 기업에 어떻게 영향을 미치는지 알아보자.

첫째, 관세 인상과 기업 비용 증가

정부가 특정 국가로부터 수입되는 상품에 대해 관세를 인상하면, 해당 상품의 수입 가격이 상승하게 된다. 이는 수입 원자재를 사용하는 기업의 생산 비용 증가로 이어진다. 이러한 생산 비용 증가는 제품 가격 인상으로 이어질 수 있으며, 이는 소비자들에게도 부담을 줄 수 있다. 또한, 관세 인상은 기업의 경쟁력을 약화시킬 수 있어, 해외 시장에서의 판매량 감소를 초래할 수도 있다.

정부가 특정 국가로부터 수입되는 철강에 대해 20% 관세를 부과하기로 했다. 이에 따라 철강을 주요 원자재로 사용하는 자동차 제조업체는 생산 비용이 증가하게 된다. 자동차 제조업체는 이 비용을 소비자에게 전가하거나, 자체 비용 절감을 통해 대응해야 한다.

둘째, 수출 제한과 시장 접근성 감소

무역 정책이 수출 제한을 포함하는 경우, 기업의 해외 시장 접근성이 줄어들 수 있다. 이는 수출 의존도가 높은 기업에 큰 타격을 줄 수 있다.

정부가 특정 국가에 대한 반도체 수출을 제한하면, 해당 국가에 주요 고객을 둔 반도체 제조업체는 큰 어려움을 겪게 된다. 이에 따라 기업은 새로운 시장을 개척하거나 기존 고객과의 거래 조건을 재협상해야 할 필요가 있다.

셋째, 무역 협정 체결과 기회 확대

반대로, 정부가 자유무역협정* (FTA)을 체결하면, 관세가 낮아지거나 철폐되어 기업은 더 많은 해외 시장에 접근할 기회를 얻게 된

자유무역협정(Free Trade Agreement)
두 개 이상의 국가나 지역 간에 체결되는 무역 협정으로, 상품과 서비스의 교역에 대한 관세와 비관세 장벽을 낮추거나 제거하는 협정

다. 이는 수출이 증가하고 기업의 성장에 긍정적인 영향을 미칠 수 있다.

정부가 새로운 자유무역협정을 체결하면서, 농산물에 대한 관세가 철폐되었다. 이에 따라 농산물 수출업체는 더 많은 시장에 접근할 수 있게 되어 수출량이 많이 증가할 것으로 예상된다. 농산물 수출업체는 이를 통해 매출을 확대하고, 해외 시장 점유율을 높일 기회를 가지게 된다.

정부가 새로운 자유무역협정을 체결하면서, 농산물에 대한 관세가 철폐되었다. 이에 따라 농산물 수출업체는 더 많은 시장에 접근할 수 있게 되어 수출량이 많이 증가할 것으로 예상된다. 농산물 수출업체는 이를 통해 매출을 확대하고, 해외 시장 점유율을 높일 기회를 가지게 된다.

넷째, 환율 변동과 가격 경쟁력 변화

무역 정책은 환율에도 영향을 미칠 수 있다. 무역 갈등이 발생하면 환율 변동성이 커지고, 이는 수출입 가격 경쟁력에 영향을 미친다. 환율이 상승하면 수출 기업의 가격 경쟁력이 낮아지고, 환율이 하락하면 가격 경쟁력이 높아진다.

무역 갈등으로 인해 원화 가치가 하락하면, 한국 기업의 수출품이 상대적으로 저렴해져 가격 경쟁력이 높아진다. 반면, 원화 가치가 상승하면 수출품의 가격 경쟁력이 낮아져 해외 시장에서의 경쟁이 치열해질 수 있다.

다섯째, 공급망 재편과 비용 구조 변화

무역 정책 변화는 기업의 공급망에도 영향을 미친다. 관세* 인상

관세(Tariff)
상품을 국가 간에 수출입 할 때 부과되는 세금

이나 수출 제한으로 인해 기존의 공급망이 불안정해지면, 기업은 새로운 공급망을 구축해야 할 필요가 생긴다.

정부의 관세 인상으로 기존에 중국에서 부품을 조달하던 전자제품 제조업체는 베트남이나 인도로 공급망을 재편성해야 할 상황에 직면했다. 이에 따라 초기 비용이 증가할 수 있지만, 장기적으로는 안정적인 공급망을 통해 비용을 절감할 수 있을 것으로 기대된다.

무역 정책의 변화는 기업의 비용 구조, 시장 접근성, 가격 경쟁력, 공급 망 등 다양한 측면에 영향을 미친다. 경제기사를 통해 무역 정책 변화를 주의 깊게 살펴보고 그 영향을 이해하는 것이 중요하다. 이를 통해 기업은 변화에 맞춰 적절한 전략을 수립하고, 경쟁력을 유지할 수 있을 것이다.

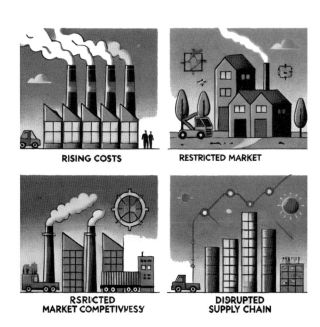

경제기사를 읽으면 미래가 보인다

환경 정책 변화가
특정 산업에 미치는 영향은?

환경 정책은 정부가 환경 보호와 지속 가능한 발전을 위해 시행하는 중요한 정책이다. 환경 정책의 변화는 특정 산업에 직접적인 영향을 미친다. 이를 이해하는 것은 기업의 경영 전략과 개인의 경제 활동에 매우 중요하다. 그렇다면 환경 정책 변화가 특정 산업에 어떻게 영향을 미치는지 알아보자.

첫째, 배출 규제 강화와 비용 증가

정부가 배출 규제를 강화하면, 기업은 오염물질 배출량을 줄이기 위해 추가적인 비용을 부담해야 한다. 이는 생산 비용 증가로 이어질 수 있다. 이러한 비용 증가는 종종 새로운 기술 도입이나 공정 개선을 필요로 하며, 이는 추가적인 연구개발(R&D) 비용을 유발할 수 있다.

정부가 대기오염을 줄이기 위해 공장 배출 가스 규제를 강화하면, 철강업체는 배출 가스를 정화하기 위한 새로운 장비를 설치해야 한다. 이는 초기 투자 비용이 증가하게 되고, 운영 비용도 늘어나게 된다. 철강업체는 이러한 비용 증가를 제품 가격에 반영하거나, 내부 비용 절감을 통해 대응해야 한다.

둘째, 친환경 기술 도입과 경쟁력 확보

환경 정책 변화는 기업이 친환경 기술을 도입하도록 유도할 수 있다. 이는 장기적으로 기업의 경쟁력을 높이는 결과를 가져올 수 있다.

정부가 재생 에너지 사용을 촉진하기 위해 태양광 패널 설치에 대한 보조금을 제공하면, 에너지 기업은 태양광 발전소를 확대할 수 있게 된다. 이에 따라 에너지 비용을 절감하고, 환경 친화적인 이미지를 통해 소비자 신뢰를 얻어 경쟁력을 높일 수 있다.

셋째, 산업 구조 변화와 새로운 기회

환경 정책 변화는 기존 산업 구조를 변화시키고, 새로운 산업 기회를 창출할 수 있다. 이는 기존 산업에 종사하는 기업에 도전이자 기회가 될 수 있다.

정부가 플라스틱 사용을 줄이기 위한 정책을 시행하면, 플라스틱 제조업체는 매출이 감소할 수 있다. 그러나 동시에 친환경 포장재 산업이 성장하게 되어, 기존의 플라스틱 제조업체가 친환경 포장재로 전환하는 새로운 기회를 가질 수 있다.

넷째, 소비자 행동 변화와 시장 수요 변화

환경 정책 변화는 소비자의 행동에도 영향을 미친다. 소비자들은 환경 보호에 관한 관심이 높아지면, 친환경 제품을 더 선호하게 된다. 이는 시장 수요 변화를 초래한다.

정부가 일회용 비닐봉지 사용을 금지하면, 소비자들은 재사용할 수 있는 장바구니를 사용하게 된다. 이에 따라 재사용할 수 있는 장바구니 제조업체의 매출이 증가하게 된다. 반면, 비닐봉지 제조업체는 매출 감소로 인해 새로운 제품 라인업을 개발해야 할 필요가 있다.

다섯째, 국제 규제와 수출 시장 변화

국내 환경 정책 변화뿐만 아니라 국제 환경 규제도 기업에 영향을 미친다. 국제 규제가 강화되면, 수출 기업은 이에 대응하기 위한 추가적인 조치를 취해야 한다.

유럽연합이 탄소 배출 규제를 강화하면, 자동차 수출업체는 유럽 시장에 맞춰 저탄소 차량을 개발해야 한다. 이를 위해 연구 개발 비용이 증가할 수 있지만, 동시에 유럽 시장에서의 경쟁력을 확보할 기회를 얻을 수 있다.

환경 정책의 변화는 특정 산업의 비용 구조, 기술 도입, 산업 구조, 소비자 행동, 국제 규제 등 다양한 측면에 영향을 미친다. 경제기사를 통해 환경 정책 변화를 주의 깊게 살펴보고 그 영향을 이해하는 것이 중요하다. 이를 통해 기업은 변화에 맞춰 적절한 전략을 수립하고, 지속 가능한 성장을 이룰 수 있을 것이다.

07

경제기사에서 규제 변화 소식을 어떻게 활용할 수 있을까?

정부의 규제 변화는 다양한 산업과 시장에 큰 영향을 미친다. 경제기사를 통해 규제 변화 소식을 잘 활용하면 개인과 기업 모두에게 유익할 수 있다. 그렇다면 경제기사에서 규제 변화 소식을 어떻게 활용할 수 있을지 알아보자.

첫째, 규제 변화의 목적을 이해하라

정부의 규제 변경 이유는 다양하다. 경제기사는 규제 변화의 배경과 목적을 설명하며, 이를 통해 문제 해결과 목표 달성 의도를 이해할 수 있다.

정부가 전기차 보조금을 확대하는 이유는 환경 보호와 탄소 배출 감소를 촉진하기 위해서다. 이 정책의 목적은 더 많은 사람들이 전기차를 사도록 유도하여 대기 오염을 줄이는 것이다.

둘째, 규제 변화가 특정 산업에 미치는 영향을 파악하라

규제 변화는 특정 산업에 직접적인 영향을 미친다. 경제기사는 이를 구체적으로 설명하며, 이를 통해 자신이 속한 산업이나 관심 있는 산업에 어떤 변화가 있을지 파악할 수 있다.

> 정부가 새롭게 도입한 데이터 보호 규제는 IT 기업에 큰 영향을 미칠 것이다. 개인정보 보호를 강화하기 위해 IT 기업들은 새로운 보안 시스템을 구축해야 하며, 이는 초기 비용 증가로 이어질 수 있다.

셋째, 규제 변화에 따른 기회를 찾아라

규제 변화는 새로운 기회를 창출할 수 있다. 경제기사는 규제 변화에 따라 성장할 가능성이 있는 산업이나 기업을 조명한다. 이를 통해 투자 기회를 찾거나 새로운 사업 아이디어를 얻을 수 있다.

> 플라스틱 사용 규제 강화로 인해 친환경 포장재 시장이 급성장할 것으로 예상된다. 이에 따라 친환경 포장재를 생산하는 기업들은 큰 수혜를 입을 것으로 보인다. 투자자들은 이러한 기업에 주목할 필요가 있다.

넷째, 규제 변화에 따른 리스크를 관리하라

규제 변화는 리스크를 초래할 수 있다. 경제기사는 규제 변화로 인해 발생할 수 있는 잠재적인 문제점과 리스크를 분석한다. 이를 통해 미리 대비책을 마련할 수 있다.

정부가 부동산 투기 방지를 위해 대출 규제를 강화하면, 부동산 시장이 냉각될 수 있다. 부동산 투자자들은 이에 대비해 포트폴리오를 조정하거나 다른 투자처를 모색해야 한다.

다섯째, 전문가 의견을 참고하라

경제기사는 종종 경제 전문가나 업계 전문가의 의견을 포함한다. 이들은 규제 변화의 의미와 그에 따른 대응 방안을 제시한다. 이를 통해 보다 깊이 있는 이해와 실질적인 조언을 얻을 수 있다.

백경제 경제학 교수는 '신재생에너지 의무 사용 비율이 증가하면서, 관련 기술 개발과 인프라 투자가 활발해질 것'이라며 '에너지 기업들은 이에 발맞춰 연구개발을 강화하고, 장기적인 성장 전략을 수립해야 한다'라고 말했다.

경제기사를 통해 규제 변화 소식을 잘 활용하면 개인과 기업은 새로운 기회를 찾고, 리스크를 관리하며, 보다 현명한 경제적 결정을 내릴 수 있다. 규제 변화의 목적을 이해하고, 산업에 미치는 영향을 파악하며, 전문가 의견을 참고하는 것이 중요하다.

경제기사를 읽으면 미래가 보인다

08

정책 변화에 따른
투자 전략은 어떻게 세울까?

정부의 정책 변화는 경제와 투자 환경에 큰 영향을 미친다. 이에 따라 투자 전략을 세우는 것은 매우 중요하다. 경제기사를 통해 정책 변화를 이해하고, 이를 바탕으로 투자 전략을 세우는 방법을 알아보자.

첫째, 정책 변화의 타이밍을 주목하라

정책 변화의 타이밍은 투자 전략을 세우는 데 중요한 요소다. 정책이 발표되는 시점과 시행되는 시점을 주의 깊게 살펴보고, 이에 맞춰 투자 계획을 조정해야 한다.

정부가 부동산 규제를 완화한다고 발표했다. 이 정책은 6개월 후에 시행될 예정이다. 따라서 투자자는 부동산 관련 주식이나 펀드를 미리 매수하여 정책 시행 전의 상승효과를 기대할 수 있다.

둘째, 정책 변화의 파급 효과를 분석하라

정책 변화는 특정 산업뿐만 아니라 관련 산업에도 영향을 미친다. 직접적인 영향을 받는 산업뿐만 아니라, 연관된 산업까지 파급 효과를 분석하는 것이 중요하다.

정부가 전기차 보조금을 확대하기로 했다. 이는 전기차 제조업체뿐만 아니라 배터리 제조업체와 충전 인프라 관련 기업에도 긍정적인 영향을 미친다. 따라서 이들 연관 산업에 투자하는 것도 좋은 전략이다.

셋째, 정책 변화에 따른 기업의 대응을 살펴보라

기업들은 정책 변화에 대응하기 위해 다양한 전략을 세운다. 이러한 기업들의 대응을 주의 깊게 살펴보고, 이를 바탕으로 투자 결정을 내리는 것이 중요하다.

정부가 친환경 에너지 정책을 강화하면서 많은 자동차 제조업체가 전기차 생산을 확대하고 있다. 이러한 기업들의 주가가 상승할 가능성이 높으므로, 전기차 생산을 확대하는 자동차 제조업체에 투자하는 것이 유리하다.

넷째, 정책 변화와 거시 경제 지표의 상관관계를 이해하라

정책 변화는 거시 경제 지표에 영향을 미친다. 금리, 인플레이션, 실업률 등 거시 경제 지표와 정책 변화의 상관관계를 이해하면 더 나은 투자 전략을 세울 수 있다.

정부가 경기 부양을 위해 대규모 재정 지출을 발표하면, 단기적으로는 인플레이션이 상승할 가능성이 있다. 따라서 인플레이션 상승에 대비해 금이나 부동산 같은 실물 자산에 투자하는 것도 하나의 전략이 될 수 있다.

다섯째, 정책 변화에 따른 리스크를 분산하라

정책 변화는 리스크를 동반하기 마련이다. 다양한 자산에 분산 투자하여 리스크를 줄이는 것이 중요하다. 특정 산업이나 자산에 대한 집중 투자는 피하고, 여러 자산에 분산 투자하는 전략을 취해야 한다.

정부의 규제 완화 정책으로 특정 산업이 급성장할 것으로 예상되지만, 그와 동시에 예상치 못한 리스크가 존재할 수 있다. 따라서 해당 산업에 일정 부분 투자하면서, 다른 안정적인 자산에도 투자하여 포트폴리오를 다변화하는 것이 필요하다.

정책 변화에 따른 투자 전략을 세우기 위해서는 정책 변화의 타이밍을 주목하고, 파급 효과를 분석하며, 기업의 대응을 살펴보고, 거시 경제 지표와의 상관관계를 이해하며, 리스크를 분산하는 것이 중요하다. 경제기사를 통해 정책 변화를 지속적으로 모니터링하고, 이를 바탕으로 유연하고 현명한 투자 전략을 수립해야 한다.

경제기사로 미래 준비하기

경제기사에서 미래 경제 트렌드를 예측하는 방법을 다룬다. 기술 혁신이 경제 기사에 미치는 영향, 인구 통계 변화를 예측하는 방법, 글로벌 경제기사에서 기회를 발견하는 방법, 부동산 시장 동향 파악 방법, 새로운 산업 동향 파악 방법, 위험 신호 식별 방법, 미래를 위한 재무 계획 수립 방법을 설명한다.

경제기사에서 미래 경제 트렌드를 어떻게 예측할 수 있을까?

경제기사는 현재의 경제 상황을 분석하고 미래 경제 트렌드를 예측하는데 중요한 역할을 한다. 이를 통해 개인과 기업은 더 나은 경제적 결정을 내릴 수 있다. 그렇다면 경제기사를 통해 미래 경제 트렌드를 어떻게 예측할 수 있는지 알아보자.

첫째, 주요 경제 지표를 분석하라

경제기사는 GDP 성장률, 실업률, 인플레이션 등 주요 경제 지표를 다룬다. 이러한 지표들은 경제의 전반적인 건강 상태와 미래 방향을 예측하는 데 유용하다. 또한, 이들 지표는 정부의 경제 정책 결정과 기업의 경영 전략 수립에도 중요한 참고 자료가 된다. 투자자들은 이러한 지표들을 분석하여 시장의 흐름을 파악하고 투자 결정을 내린다.

최근 발표된 경제기사에 따르면, 지난 분기 GDP 성장률이 3%를 기록했다. 이는 경제가 안정적으로 성장하고 있음을 의미하며, 소비와 투자가 지속적으로 증가할 가능성이 높다.

둘째, 정부 정책과 그 영향을 주의 깊게 살펴라

정부의 경제 정책은 미래 경제 트렌드를 예측하는 데 중요한 요소다. 금리 정책, 재정 정책, 규제 변화 등이 경제에 미치는 영향을 분석하면 미래를 예측할 수 있다.

정부가 대규모 경기 부양책을 발표했다는 경제기사를 통해, 앞으로 몇 년간 건설 및 인프라 산업이 활성화될 것으로 예상된다. 이에 따라 관련 주식이나 펀드에 투자하는 것이 유망할 수 있다.

셋째, 글로벌 경제 동향을 파악하라

세계 경제는 상호 연결되어 있어 글로벌 경제 동향이 국내 경제에 미치는 영향을 무시할 수 없다. 주요 국가들의 경제 상황, 국제 무역 동향, 원자재 가격 등을 분석하면 미래 경제 트렌드를 예측하는 데 도움이 된다.

중국의 경제 성장 둔화와 미국의 금리 인상 소식이 전해지면서, 글로벌 경제가 둔화할 가능성이 높다. 이러한 정보는 수출 의존도가 높은 산업에 부정적인 영향을 미칠 수 있다.

넷째, 산업별 트렌드를 분석하라

경제기사는 특정 산업의 현재 상황과 미래 전망을 다룬다. 이를 통해 어떤 산업이 성장할지, 어떤 산업이 어려움을 겪을지를 예측할 수 있다.

최근 IT 산업의 급격한 성장이 경제기사에서 자주 다뤄지고 있다. 특히, 인공지능과 클라우드 컴퓨팅 기술의 발전이 앞으로 몇 년간 IT 산업을 이끌 주요 트렌드로 분석되고 있다.

다섯째, 기술 발전과 혁신을 주목하라

기술 발전은 경제 트렌드에 큰 영향을 미친다. 신기술 도입과 혁신은 새로운 산업을 창출하고 기존 산업을 변화시킨다. 경제기사에서 기술 발전과 관련된 내용을 주의 깊게 살펴보면 미래 트렌드를 예측하는 데 도움이 된다.

최근 경제기사에서 자율주행차 기술의 발전이 자주 언급되고 있다. 전문가들은 자율주행차가 미래 교통 산업을 혁신할 것으로 보고 있으며, 관련 기술을 개발하는 기업들이 주목받고 있다.

경제기사에서 미래 경제 트렌드를 예측하려면 주요 경제 지표, 정부 정책, 글로벌 경제 동향, 산업별 트렌드, 기술 발전 등을 종합적으로 분석하는 것이 중요하다.

기술 혁신이
경제기사에 미치는 영향은?

기술 혁신은 경제와 사회 전반에 걸쳐 중요한 변화를 불러온다. 경제기사에서는 이러한 기술 혁신이 경제에 미치는 영향을 다양한 방식으로 다룬다. 기술 혁신이 경제기사에 어떤 영향을 미치는지 살펴보자.

첫째, 새로운 산업과 시장의 등장

기술 혁신은 새로운 산업과 시장을 창출한다. 경제기사에서는 이러한 새로운 산업과 시장의 성장 가능성과 경제적 영향을 분석하여 보도한다.

최근 경제기사에서 자주 언급되는 5G 기술의 도입은 통신 산업뿐만 아니라, 자율주행차, 스마트 시티, 사물인터넷(IoT) 등 다양한 분야에서 새로운 시장을 창출하고 있다. 이러한 산업의 성장은 경제 전반에 긍정적인 영향을 미칠 것으로 예상된다.

둘째, 기존 산업의 변화와 적응

기술 혁신은 기존 산업의 구조와 운영 방식을 변화시킨다. 경제기사에서는 기존 산업이 기술 혁신에 어떻게 적응하고 있는지, 그리고 그로 인한 경제적 영향을 다룬다.

자동차 산업은 전기차와 자율주행차 기술의 도입으로 큰 변화를 겪고 있다. 경제기사에서는 주요 자동차 제조업체들이 전기차 생산 라인을 확대하고 자율주행 기술 개발에 투자하는 과정을 상세히 설명하며, 이러한 변화가 산업 전체에 미치는 영향을 분석하고 있다.

셋째, 일자리와 노동 시장의 변화

기술 혁신은 일자리의 성격과 노동 시장에 큰 변화를 불러온다. 경제기사에서는 이러한 변화가 노동자와 고용 시장에 미치는 영향을 분석하여 보도한다.

로봇 공학과 자동화 기술의 발전은 제조업 분야에서 일자리 감소를 초래할 수 있다. 경제기사는 자동화로 인해 줄어드는 일자리와 새롭게 창출되는 고급 기술 일자리의 균형을 어떻게 맞출 것인지에 대해 다루며, 교육과 재훈련의 필요성을 강조한다.

넷째, 생산성과 경제 성장

기술 혁신은 생산성을 높이고 경제 성장을 촉진한다. 경제기사에서는 기술 혁신이 어떻게 생산성을 향상하고, 이에 따른 경제 성장 효과를 분석하여 보도한다.

AI(인공지능) 기술의 도입은 다양한 산업에서 생산성을 크게 향상하고 있다. 경제기사는 AI 기술이 제조, 물류, 의료 등 여러 분야에서 효율성을 어떻게 높이고 있는지 설명하며, 이로 인한 경제 성장 효과를 상세히 분석한다.

다섯째, 투자 기회와 금융 시장

기술 혁신은 새로운 투자 기회를 창출하고 금융 시장에 영향을 미친다. 경제기사에서는 혁신적인 기술 기업과 관련 주식, 펀드 등에 대한 투자 정보를 제공하여 투자 결정을 내리는 데 도움을 준다.

경제기사에서는 최근 주목받고 있는 바이오 테크놀로지 기업들의 혁신적인 연구 성과와 시장 전망을 다루며, 관련 주식에 대한 투자 기회를 소개한다. 이를 통해 투자자들은 기술 혁신을 활용한 포트폴리오 구성을 고려할 수 있다

여섯째, 규제와 정책 변화

기술 혁신은 새로운 규제와 정책 변화를 유발한다. 경제기사에서는 정부와 규제 기관이 기술 혁신에 어떻게 대응하는지, 새로운 규제와 정책이 경제에 미치는 영향을 분석하여 보도한다.

드론 기술의 발전으로 인해 정부는 새로운 항공 규제를 도입하고 있다. 경제기사는 이러한 규제 변화가 드론 산업에 미치는 영향을 분석하며, 기업들이 이에 어떻게 대응하고 있는지 설명한다.

기술 혁신은 새로운 산업과 시장의 등장, 기존 산업의 변화, 노동 시장의 변화, 생산성과 경제 성장, 투자 기회와 금융 시장, 규제와 정책 변화 등 다양한 측면에서 경제에 영향을 미친다. 경제기사는 이러한 변화를 상세히 분석하고 보도함으로써 독자들이 기술 혁신의 영향을 이해하고 대응할 수 있도록 돕는다.

경제기사를 통해
인구 통계 변화를 예측할 수 있을까?

인구 통계 변화는 경제와 사회 전반에 걸쳐 큰 영향을 미친다. 경제기사는 이러한 변화를 예측하고 분석하는 데 중요한 도구가 될 수 있다. 그렇다면 경제기사를 통해 인구 통계 변화를 어떻게 예측할 수 있는지 알아보자.

첫째, 출생률과 사망률 데이터를 분석하라

경제기사는 출생률과 사망률에 대한 최신 데이터를 제공한다. 이를 통해 인구 증가율을 파악할 수 있으며, 장기적인 인구 변화를 예측할 수 있다.

최근 경제기사에 따르면, 한국의 출생률이 지속적으로 하락하고 있다. 지난해 출생아 수가 역대 최저치를 기록했다. 이러한 출생률 감소는 장기적으로 인구 감소와 고령화 문제를 초래할 가능성이 높다.

경제기사를 읽으면 미래가 보인다

둘째, 이민 정책과 인구 이동을 주목하라

이민 정책과 인구 이동은 인구 통계 변화에 큰 영향을 미친다. 경제기사는 이민자 수, 이민 정책 변화, 국내외 인구 이동 패턴 등을 다루며, 이를 통해 인구 구조 변화를 예측할 수 있다.

정부가 고급 기술 인력 유치를 위한 이민 정책을 완화하면서, 해외 인재 유입이 증가할 것으로 예상된다. 이는 특정 산업의 인력난을 해소하고, 인구 구성에 변화를 불러올 수 있다.

셋째, 나이별 인구 분포를 분석하라

경제기사는 나이별 인구 분포와 관련된 데이터를 제공한다. 이를 통해 인구의 고령화, 젊은 층의 비중 변화 등을 예측할 수 있다.

최근 경제기사에 따르면, 한국의 65세 이상 고령 인구 비중이 20%를 넘어섰다. 이러한 고령화 추세는 앞으로도 계속될 것으로 보이며, 연금 제도와 의료 서비스 수요 증가로 이어질 것이다.

넷째, 경제적 요인과 인구 변화를 연계하라

경제적 요인, 예를 들어 주택 가격, 실업률, 소득 수준 등은 인구 변화에 영향을 미친다. 경제기사는 이러한 요인들을 분석하여 인구 이동과 변화를 예측할 수 있다.

수도권의 주택 가격 상승으로 인해 많은 젊은 세대가 지방으로 이동하고 있다. 경제기사는 이에 따라 수도권 인구 증가율이 둔화하고, 지방 도시의 인구가 증가할 것으로 예상된다고 보도하고 있다.

다섯째, 사회적 변화와 인구 통계를 연결하라

사회적 변화, 예를 들어 결혼과 출산에 대한 인식 변화, 여성의 경제활동 증가 등도 인구 통계 변화에 영향을 미친다. 경제기사는 이러한 사회적 변화를 다루며, 인구 구조 변화를 예측한다.

결혼과 출산을 늦추는 트렌드가 지속되면서, 경제기사에서는 젊은 세대의 비혼과 저출산 현상이 인구 감소로 이어질 것이라고 분석한다. 이는 장기적으로 노동력 부족 문제를 초래할 수 있다.

여섯째, 국제적인 인구 동향을 참고하라

국제적인 인구 동향과 비교하여 국내 인구 변화를 예측할 수 있다. 경제기사는 국제적인 인구 변화를 다루며, 이를 통해 국내 인구 변화에 대한 통찰을 제공한다.

경제기사에서는 일본의 고령화 문제를 예로 들어, 한국도 비슷한 인구 구조 변화를 겪을 가능성이 높다고 경고하고 있다. 이는 노인 복지와 관련된 정책 수립에 중요한 시사점을 제공한다.

  경제기사를 읽으면 미래가 보인다

경제기사를 통해 인구 통계 변화를 예측하는 것은 충분히 가능하다. 출생률과 사망률 데이터, 이민 정책과 인구 이동, 나이별 인구 분포, 경제적 요인, 사회적 변화, 국제적인 인구 동향 등을 종합적으로 분석하면 인구 구조 변화를 예측할 수 있다.

글로벌 경제기사에서
기회를 발견할 수 있을까?

글로벌 경제기사는 세계 각국의 경제 상황과 시장 동향을 다루며, 투자자들에게 중요한 정보를 제공한다. 이를 통해 새로운 투자 기회를 발견할 수 있다. 그렇다면 글로벌 경제기사에서 기회를 발견하는 방법을 알아보자.

첫째, 성장하는 시장을 주목하라

글로벌 경제기사는 특정 국가나 지역의 경제 성장률을 다룬다. 경제 성장률이 높은 지역은 투자 기회가 많다.

최근 경제기사에 따르면, 동남아시아 국가들의 경제 성장률이 지속적으로 상승하고 있다. 특히 베트남은 제조업과 IT 산업의 발전으로 경제 성장이 두드러지고 있다. 이러한 정보를 바탕으로 동남아시아 펀드나 베트남 주식에 투자하는 것이 유망할 수 있다.

둘째, 새로운 산업과 기술을 탐색하라

글로벌 경제기사는 새로운 기술과 산업 동향을 다룬다. 신기술과 신산업은 미래 성장 가능성이 높아 투자 기회를 제공한다.

글로벌 경제기사에서 자주 언급되는 인공지능(AI)과 재생에너지 산업은 많은 나라에서 빠르게 성장하고 있다. 예를 들어, 중국의 AI 기술 발전과 유럽의 재생에너지 투자는 관련 기업의 주가 상승으로 이어질 수 있다. 따라서 이들 분야에 투자하는 것이 좋은 기회가 될 수 있다.

셋째, 국제 무역 동향을 파악하라

국제 무역 동향은 특정 산업과 기업에 큰 영향을 미친다. 글로벌 경제기사를 통해 무역 협정, 관세 정책, 수출입 동향 등을 파악하면 투자 기회를 발견할 수 있다.

미국과 유럽연합(EU)이 새로운 무역 협정을 체결했다는 기사는 양 지역 간 무역이 활성화될 것임을 의미한다. 이에 따라 미국과 유럽에서 사업을 운영하는 글로벌 기업들의 주가가 상승할 가능성이 있다. 따라서 이러한 기업에 투자하는 것이 유리할 수 있다.

넷째, 정치적 안정성과 경제적 자유도를 고려하라

정치적 안정성과 경제적 자유도는 투자 환경에 큰 영향을 미친다. 글로벌 경제기사는 각국의 정치 상황과 경제 정책을 다룬다.

다섯째, 환율 변동과 외환 시장을 주시하라

환율 변동은 국제 투자의 중요한 요소다. 글로벌 경제기사는 각국의 환율 동향과 외환 시장 변화를 다룬다.

경제기사에서 일본 엔화의 가치가 하락하고 있다는 소식이 전해졌다. 이는 일본 제품의 가격 경쟁력을 높여 수출이 증가할 가능성이 있음을 의미한다. 따라서 일본 수출 기업에 투자하는 것이 유망할 수 있다.

여섯째, 글로벌 트렌드를 분석하라

글로벌 경제기사는 다양한 글로벌 트렌드를 다룬다. 이러한 트렌드를 분석하면 장기적인 투자 기회를 찾을 수 있다.

글로벌 경제기사에서 친환경 소비 트렌드가 확산하고 있다고 보도했다. 이는 친환경 제품을 생산하는 기업들이 성장할 가능성이 높음을 시사한다. 따라서 친환경 기술을 보유한 기업이나 관련 펀드에 투자하는 것이 좋은 기회가 될 수 있다.

글로벌 경제기사를 통해 새로운 투자 기회를 발견하는 것은 충분히 가능하다. 성장하는 시장, 새로운 산업과 기술, 국제 무역 동향, 정치적 안정성과 경제적 자유도, 환율 변동, 글로벌 트렌드 등을 주의 깊게 분석하면 유망한 투자 기회를 찾을 수 있다.

경제기사를 읽으면 미래가 보인다

경제기사에서 부동산 시장 동향을 어떻게 파악할까?

부동산 시장은 경제 전반에 큰 영향을 미치는 중요한 요소다. 경제기사를 통해 부동산 시장의 동향을 파악하면 미래의 투자 기회를 발견할 수 있다. 그렇다면 경제기사에서 부동산 시장 동향을 어떻게 파악할 수 있는지 알아보자.

첫째, 주택 가격 지표를 분석하라

경제기사는 주택 가격 지표를 통해 부동산 시장의 현재 상황을 제공한다. 주택 가격 상승률, 평균 주택 가격 등을 통해 시장의 방향을 예측할 수 있다. 이러한 지표는 지역별로 다르게 나타날 수 있으므로, 특정 지역의 부동산 동향을 분석하는 것이 중요하다. 또한, 주택 공급량과 수요 변화도 함께 고려하여 시장의 미래를 예측할 수 있다.

최근 경제기사에 따르면, 서울의 주택 가격이 전년 대비 10% 상승했다. 이는 주택 수요 증가와 공급 부족으로 인한 것이다. 이러한 상승세는 당분간 지속될 가능성이 있다.

둘째, 거래량 변화를 주목하라

부동산 시장의 거래량은 시장의 활기를 나타내는 중요한 지표다. 경제기사는 거래량 변화를 분석하여 시장의 동향을 설명한다.

경제기사에서 최근 주택 거래량이 감소하고 있다고 보도했다. 이는 금리 인상과 대출 규제 강화로 인해 주택 구매가 어려워졌기 때문이다. 거래량 감소는 주택 가격 안정화로 이어질 수 있다.

셋째, 정부 정책의 영향을 고려하라

정부의 부동산 정책은 시장에 직접적인 영향을 미친다. 경제기사는 새로운 정책 발표와 그 영향을 분석하여 제공한다.

정부가 부동산 투기 억제를 위해 대출 한도를 축소하고, 다주택자에 대한 세금을 인상했다. 경제기사는 이러한 정책이 주택 시장에 미치는 영향을 분석하며, 주택 가격 안정화와 거래량 감소를 예측한다.

넷째, 금리 변동과 경제 상황을 분석하라

금리 변동과 경제 상황은 부동산 시장에 큰 영향을 미친다. 경제기사는 이러한 요소들을 분석하여 시장의 미래를 예측한다.

한국은행이 기준 금리를 인상하면서 주택담보대출 금리도 상승했다. 경제기사는 이에 따라 주택 구매 비용이 증가하고, 주택 수요가 감소할 것으로 예상한다.

다섯째, 지역별 시장 동향을 파악하라

부동산 시장은 지역별로 다르게 움직일 수 있다. 경제기사는 주요 지역별 시장 동향을 분석하여 제공한다.

경제기사에서는 서울과 부산의 주택 시장 동향을 비교 분석했다. 서울은 지속적인 수요 증가로 인해 가격 상승이 이어지고 있지만, 부산은 공급 과잉으로 인해 가격이 안정화되고 있다.

경제기사를 통해 부동산 시장 동향을 파악하는 것은 매우 중요하다. 주택 가격 지표, 거래량 변화, 정부 정책, 금리 변동과 경제 상황, 지역별 시장 동향 등을 종합적으로 분석하면 부동산 시장의 현재 상황과 미래 전망을 이해할 수 있다.

경제기사에서 새로운 산업 동향을 어떻게 파악할까?

경제기사는 새로운 산업 동향을 파악하는 데 중요한 정보를 제공한다. 이를 통해 투자자, 기업, 개인은 미래에 대비할 수 있다. 그렇다면 경제기사로 새로운 산업 동향을 어떻게 파악할 수 있는지 알아보자.

첫째, 산업별 주요 지표를 확인하라

경제기사는 특정 산업의 주요 지표를 제공한다. 매출 성장률, 시장 점유율, 투자 규모 등 지표를 통해 산업의 성장 가능성을 파악할 수 있다.

최근 경제기사에 따르면, 글로벌 전기차 시장의 매출 성장률이 연평균 25% 이상 증가하고 있다. 이는 전기차 수요 증가와 관련 기술 발전 덕분이다. 이러한 지표를 통해 전기차 산업의 성장 가능성을 예측할 수 있다.

둘째, 기술 발전과 혁신을 주목하라

경제기사는 새로운 기술과 혁신이 특정 산업에 미치는 영향을 분석한다. 신기술 도입과 관련된 기사는 산업 동향을 이해하는 데 도움이 된다.

경제기사에서는 인공지능(AI) 기술의 발전이 헬스케어 산업을 어떻게 변화시키고 있는지 다루고 있다. AI 기반 진단 시스템이 도입되면서 진단 속도와 정확성이 크게 향상되었고, 이는 헬스케어 산업의 중요한 트렌드로 자리 잡고 있다.

셋째, 정부 정책과 규제 변화를 분석하라

정부의 정책 변화는 특정 산업에 직접적인 영향을 미친다. 경제기사는 이러한 정책 변화와 그 영향을 상세히 다룬다.

정부가 재생 에너지 지원 정책을 강화하면서, 태양광 및 풍력 발전 산업에 대한 투자 규모가 많이 증가했다. 경제기사에서는 이러한 정책 변화가 재생 에너지 산업에 미치는 긍정적인 영향을 분석하고 있다.

넷째, 시장 수요와 소비자 트렌드를 파악하라

소비자 트렌드와 시장 수요는 산업 동향을 예측하는 데 중요한 요소다. 경제기사는 소비자 행동 변화와 관련된 정보를 제공한다.

최근 경제기사에서는 건강과 웰빙에 관한 관심이 증가하면서, 건강식품 산업이 급성장하고 있다고 보도했다. 소비자들이 건강한 식단에 더 큰 비용을 지출하면서, 건강식품 관련 기업들의 매출이 크게 늘고 있다.

다섯째, 글로벌 동향과 연관성을 이해하라

글로벌 경제 동향은 국내 산업에도 영향을 미친다. 경제기사는 국제 시장과 관련된 정보를 제공하여, 글로벌 동향이 국내 산업에 미치는 영향을 분석한다.

글로벌 경제기사에서는 반도체 부족 사태가 자동차 산업에 미치는 영향을 다루고 있다. 반도체 공급 부족으로 인해 자동차 제조업체들이 생산을 줄이거나 일시적으로 중단해야 했으며, 이는 글로벌 자동차 산업에 큰 영향을 미쳤다.

경제기사를 통해 새로운 산업 동향을 파악하는 것은 매우 중요하다. 산업별 주요 지표, 기술 발전과 혁신, 정부 정책과 규제 변화, 시장 수요와 소비자 트렌드, 글로벌 동향과 연관성을 종합적으로 분석하면 각 산업의 현재 상황과 미래 전망을 이해할 수 있다.

경제기사를 읽으면 미래가 보인다

07

경제기사에서 위험 신호를 어떻게 식별할 수 있을까?

경제기사는 다양한 경제 지표와 분석을 통해 시장의 위험 신호를 파악하는 데 도움을 준다. 이를 통해 투자자, 기업, 개인은 잠재적인 위험을 예측하고 대비할 수 있다. 그렇다면 경제기사에서 위험 신호를 어떻게 식별할 수 있는지 알아보자.

첫째, 주요 경제 지표의 변화를 주목하라

경제기사는 GDP 성장률, 실업률, 인플레이션 등 주요 경제 지표를 다룬다. 이러한 지표의 급격한 변화는 경제의 위험 신호가 될 수 있다.

최근 경제기사에 따르면, 지난 분기 GDP 성장률이 예상보다 크게 하락했다. 이는 경제 성장이 둔화하고 있음을 나타내며, 투자자들은 이에 주의해야 한다. 특히, 제조업과 서비스업의 성장 둔화가 두드러져 향후 경기 침체 가능성을 시사하고 있다.

둘째, 금융 시장의 변동성을 살펴라

금융 시장의 급격한 변동성은 위험 신호일 수 있다. 경제기사는 주식 시장, 채권 시장, 외환 시장의 동향을 분석하여 변동성을 경고한다.

최근 경제기사에서는 주식 시장의 급락과 함께 변동성 지수*(VIX)가 급등했다고 보도했다. 이는 투자자들의 불안감이 커지고 있음을 나타내며, 향후 시장의 추가 하락 가능성을 경고하는 신호로 해석될 수 있다.

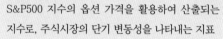

변동성 지수
S&P500 지수의 옵션 가격을 활용하여 산출되는 지수로, 주식시장의 단기 변동성을 나타내는 지표

셋째, 기업의 재무 상태를 점검하라

경제기사는 주요 기업의 재무 상태와 실적을 분석한다. 기업의 부채 증가, 수익 감소 등은 해당 기업뿐만 아니라 관련 산업 전반의 위험 신호가 될 수 있다.

최근 경제기사에서는 대형 유통업체 A사의 부채 비율이 급격히 증가하고, 영업 이익이 감소했다고 보도했다. 이는 유통 산업 전반에 걸친 소비 둔화와 경쟁 심화로 인한 문제일 수 있으며, 투자자들은 유사한 패턴을 보이는 다른 기업에도 주의를 기울여야 한다.

넷째, 국제 경제 동향을 주의 깊게 살펴라

글로벌 경제 동향은 국내 경제에 큰 영향을 미친다. 경제기사는 국제 무역, 외환 정책, 주요국의 경제 상황 등을 분석하여 위험 신호를 제공한다.

최근 경제기사에서는 중국의 경제 성장 둔화와 함께 미국의 금리 인상 가능성이 높아지고 있다고 보도했다. 이는 글로벌 경제 불확실성을 증가시키며, 특히 수출 의존도가 높은 국가들의 경제에 부정적인 영향을 미칠 수 있다.

다섯째, 정치적 불안정성을 주목하라

정치적 불안정성은 경제에 직접적인 영향을 미친다. 경제기사는 주요 국가들의 정치적 상황을 분석하여 위험 신호를 제공한다.

최근 경제기사에서는 특정 국가에서의 정치적 불안정성이 증가하면서 외국인 투자가 급감했다고 보도했다. 이는 해당 국가의 경제 성장에 부정적인 영향을 미칠 가능성이 있으며, 투자자들은 이에 따른 리스크를 고려해야 한다.

경제기사를 통해 위험 신호를 식별하는 것은 매우 중요하다. 주요 경제지표의 변화, 금융 시장의 변동성, 기업의 재무 상태, 국제 경제 동향, 정치적 불안정성 등을 종합적으로 분석하면 잠재적인 위험을 미리 파악할 수 있다.

08

경제기사에서 미래를 위한 재무 계획을 세우는 방법은?

경제기사는 개인과 기업이 미래를 준비하는 데 중요한 정보를 제공한다. 이를 통해 재무 계획을 세우면 보다 안정적이고 현명한 재정 관리를 할 수 있다. 그렇다면 경제기사를 통해 미래를 위한 재무 계획을 어떻게 세울 수 있는지 알아보자.

첫째, 경제 동향을 분석하라

경제기사는 현재의 경제 동향을 상세히 다룬다. 이를 통해 경제의 전반적인 방향을 이해하고, 이에 맞춘 재무 계획을 세울 수 있다.

최근 경제기사에 따르면, 금리가 인상될 가능성이 높다고 보고 있다. 이에 따라 대출을 고려 중인 사람들은 금리가 더 오르기 전에 대출을 받거나, 기존 대출을 고정금리로 전환하는 것이 유리할 수 있다.

둘째, 투자 기회를 찾아라

경제기사는 다양한 투자 기회를 제시한다. 주식, 채권, 부동산 등 여러 투자 수단에 대한 정보를 얻고, 자신의 투자 성향에 맞는 계획을 세울 수 있다.

경제기사에서는 최근 IT 산업의 성장 가능성을 강조하고 있다. 이에 따라 IT 관련 주식이나 펀드에 투자하는 것이 장기적으로 높은 수익을 가져다줄 수 있다.

셋째, 리스크를 관리하라

경제기사는 시장의 위험 신호를 분석하여 제공한다. 이를 통해 잠재적인 리스크를 미리 파악하고 대비책을 마련할 수 있다.

최근 경제기사에서는 글로벌 경제 불확실성 증가로 인해 주식 시장의 변동성이 커질 것이라고 경고한다. 이에 따라 투자 포트폴리오를 다변화하고, 안전 자산에 대한 비중을 늘리는 것이 필요하다.

넷째, 부동산 시장을 모니터링하라

부동산은 중요한 재무 계획 요소다. 경제기사를 통해 부동산 시장 동향을 파악하면 적절한 시기에 투자하거나 매도할 수 있다.

경제기사에서 수도권 주택 가격이 급등하고 있다는 소식을 접했다면, 주택을 매입하려는 계획을 조정하거나, 기존 주택의 가치를 평가하여 매도 시점을 고민할 수 있다.

다섯째, 세제 혜택과 정부 정책을 활용하라

정부의 세제 혜택과 정책 변화는 재무 계획에 큰 영향을 미친다. 경제기사는 이러한 정보를 제공하여 독자들이 이를 활용할 수 있도록 돕는다.

정부가 중소기업을 위한 세제 혜택을 확대한다고 발표한 경제기사를 통해, 중소기업을 운영하는 사람들은 이를 활용해 세금을 절감하고, 절감된 세금으로 추가 투자를 계획할 수 있다.

여섯째, 은퇴 계획을 세워라

경제기사는 은퇴 후 재정을 준비하는 데 필요한 정보를 제공한다. 연금, 보험, 투자 등의 정보를 통해 은퇴 계획을 체계적으로 세울 수 있다.

경제기사에서 연금 수익률이 하락하고 있다는 소식을 접했다면, 이를 보완하기 위해 개인연금 가입을 고려하거나, 다른 투자 수단을 통해 은퇴 자금을 마련하는 방안을 생각해 볼 수 있다.

경제기사를 통해 미래를 위한 재무 계획을 세우는 것은 매우 중요하다. 경제 동향 분석, 투자 기회 탐색, 리스크 관리, 부동산 시장 모니터링, 세제 혜택과 정부 정책 활용, 은퇴 계획 수립 등 다양한 측면에서 경제기사를 활용하면 보다 현명한 재무 결정을 내릴 수 있다.

부록

경제기사에서 자주 쓰이는 용어

직장인들이 가장
궁금해 하는 용어들

경제기사에서 자주 쓰이는 용어들을 설명하며, 이러한 용어들을 이해하고 활
용하는 방법을 다룬다. 이를 통해 경제기사에 나오는 다양한 용어들을 쉽게
이해하고, 기사를 더 잘 분석할 수 있게 한다.

창작자 경제(Creator Economy)

인터넷과 디지털 플랫폼을 통해 개별 창작자들이 콘텐츠를 생산하고 이를 통해 수익을 창출하는 경제 체제를 의미한다. 유튜브, 인스타그램, 틱톡 등의 소셜 미디어 플랫폼에서 활동하는 인플루언서, 블로거, 비디오 제작자, 음악가 등이 대표적인 창작자 경제의 주체들이다.

예를 들어, 한 가정이 1년 동안 만든 모든 음식, 옷, 가구 등의 총가치가 그 가정의 '가정 총생산'인 것처럼, 창작자 경제에서는 개별 창작자들이 1년 동안 생산한 모든 콘텐츠와 이를 통해 얻은 이익이 해당 창작자의 '창작 총생산'이 된다. 창작자 경제는 개별 창작자들이 콘텐츠를 통해 얻는 수익과 그들의 영향력을 나타내는 지표로 활용된다.

 ## 노동력 부족(Labor Shortage)

특정 산업이나 전체 경제에서 필요한 노동력의 수요를 충족시킬 만큼의 노동자가 부족한 상태를 의미한다. 이는 경제 성장, 인구 고령화, 기술 발전, 교육 체계의 변화 등 여러 요인에 의해 발생할 수 있다.

한 국가의 건설업에서 노동력 부족이 발생했다고 가정해 보자. 많은 건설 프로젝트가 진행 중이지만, 필요한 인력을 충분히 확보하지 못해 프로젝트가 지연되고 있다. 이는 주택 공급 부족으로 이어져 주택 가격 상승을 초래할 수 있다. 또한, 기존 노동자들은 과중한 업무 부담을 겪게 되어 생산성이 저하될 수 있다.

소비자 심리(Consumer Sentiment)

소비자들이 현재와 미래의 경제 상황에 대해 갖는 감정과 인식을 의미한다. 이는 소비자들의 소비 행동과 지출 결정을 크게 좌우하며, 경제 활동 전반에 큰 영향을 미친다. 소비자 심리는 다양한 설문 조사와 지표를 통해 측정되며, 경제학자와 정책 입안자들이 경제 전망을 평가하는 데 중요한 도구로 사용된다.

한 가정이 경제 전망에 대한 긍정적인 소비자 심리를 가지고 있다고 가정해 보자. 부모님이 앞으로 경제 상황이 좋아질 것이라고 믿으면, 그들은 새로운 가전제품을 사거나 가족 여행을 계획할 가능성이 높다. 반대로 경제 상황이 불안정하다고 느끼면, 지출을 줄이고 저축을 늘리려 할 것이다.

 ## 국내총생산(Gross Domestic Product, GDP)

한 나라의 일정 기간 생산된 재화와 서비스의 최종 가치를 나타내는 지표이다.

한 국가의 GDP가 전년 대비 3% 증가했다고 가정해 보자. 이는 그 국가의 경제가 전년보다 3% 성장했음을 의미한다. 예를 들어, 다양한 산업에서 생산된 재화와 서비스의 총가치가 증가했음을 나타내며, 이는 경제 활동이 활발해졌다는 신호로 해석할 수 있다.

 ## 인플레이션(Inflation)

물가 상승률을 나타내는 지표이다.

한 국가에서 인플레이션이 발생하여 생활비가 급격히 상승했다고 가정해 보자. 식료품, 연료, 주거비 등의 가격이 모두 상승하여 가계의 실질 구매력이 감소한다. 이는 소비자들이 지출을 줄이고 저축을 늘리게 만들어 경제 전반에 부정적인 영향을 미칠 수 있다.

 ## 디플레이션(Deflation)

물가 하락률을 나타내는 지표이다.

한 국가에서 디플레이션이 발생했다고 가정해 보자. 상품과 서비스의 가격이 지속적으로 하락하여 소비자들이 지출을 미루게 된다. 이는 기업의 매출 감소로 이어져 생산 축소와 고용 감소를 초래할 수 있다. 결과적으로 경제 활동이 위축되고, 경제 성장률이 저하될 수 있다.

 ## 금리(Interest Rate)

금융 거래에서 자금의 대가로 지급하는 비율을 말한다.

한 국가의 중앙은행이 금리를 인상했다고 가정해 보자. 이는 대출 이자율이 상승함을 의미하며, 소비자와 기업들이 돈을 빌리는 데 드는 비용이 증가한다. 결과적으로 소비와 투자가 줄어들 수 있으며, 이는 경제 성장률을 둔화시키는 효과를 가져올 수 있다.

 ## 환율(Exchange Rate)

한 국가의 통화와 다른 국가의 통화를 교환할 때의 비율을 의미한다.

한 국가의 통화가치가 다른 국가의 통화 대비 상승했다고 가정해 보자. 예를 들어, 1달러에 1,000원이었던 환율이 1달러에 900원으로 변화한다면, 한국의 원화 가치가 상승한 것이다. 이는 수입품의 가격을 낮추고, 수출품의 가격을 높이는 효과를 가져와 무역수지에 영향을 미칠 수 있다.

 ## 실업률(Unemployment Rate)

경제활동인구 중에서 일자리를 구하지 못한 사람들의 비율을 나타내는 지표이다.

한 국가의 실업률이 5%에서 7%로 증가했다고 가정해 보자. 이는 경제활동인구 중 일자리를 찾고 있지만 구하지 못한 사람들의 비율이 증가했음을 의미한다. 높은 실업률은 소비 감소와 경제 성장 둔화로 이어질 수 있으며, 사회적 불안정을 초래할 수 있다.

 ## 소비자물가지수(Consumer Price Index, CPI)

일반 소비자가 구입하는 상품과 서비스의 평균 가격 변동을 측정하는 지표이다.

한 국가의 소비자물가지수가 전년 대비 2% 상승했다고 가정해 보자. 이는 일반 소비자가 구매하는 상품과 서비스의 평균 가격이 2% 증가했음을 나타낸다. 이는 인플레이션의 한 지표로 사용되며, 중앙은행의 통화정책 결정에 중요한 역할을 할 수 있다.

 ## 생산자물가지수(Producer Price Index, PPI)

기업이 생산한 상품과 서비스의 평균 가격 변동을 측정하는 지표이다.

한 국가의 생산자물가지수가 전년 대비 1.5% 상승했다고 가정해 보자. 이는 생산자들이 판매하는 상품과 서비스의 평균 가격이 1.5% 증가했음

  경제기사를 읽으면 미래가 보인다

을 의미한다. PPI 상승은 생산비용 증가를 나타내며, 이는 궁극적으로 소비자 가격에 반영되어 인플레이션을 초래할 수 있다.

 무역수지(Trade Balance)

한 국가의 수출과 수입의 차이를 나타내는 지표이다. 즉, 한 국가가 외국으로부터 얼마만큼의 상품과 서비스를 사들이고, 얼마만큼을 팔았는지를 보여주는 지표이다.

한 국가의 무역수지가 흑자를 기록했다고 가정해 보자. 이는 수출이 수입보다 많아 외화가 더 많이 들어왔음을 의미한다. 예를 들어, 이 국가가 자동차를 많이 수출하고 석유를 적게 수입하면, 무역수지 흑자가 발생하여 경제 성장에 긍정적인 영향을 미칠 수 있다.

 경기순환(Business Cycle)

경제활동이 주기적으로 확장과 수축을 반복하는 현상을 말한다. 즉, 경제 활동이 일정한 주기를 가지고 호황과 불황을 반복하는 것을 의미한다.

한 국가의 경제가 호황을 맞이한 후 불황으로 접어들었다고 가정해 보자. 호황기에는 소비와 투자가 활발하여 경제 성장이 빠르지만, 불황기에는 소비와 투자가 줄어들어 경제가 위축된다. 예를 들어, 주택 시장이 활황을 보이다가 과잉 공급으로 인해 침체기에 접어들 수 있다.

 재정정책(Fiscal Policy)

정부가 세금 및 정부지출을 통해 경제 전반에 영향을 미치는 정책이다. 한 국가의 정부가 경기 침체를 극복하기 위해 재정정책을 시행했다고 가정해 보자. 정부는 대규모 인프라 프로젝트에 투자하여 일자리를 창출하고, 세금을 인하하여 소비를 촉진한다. 이는 경제 활동을 증가시키고 경기 회복에 도움을 줄 수 있다.

 ## 통화정책(Monetary Policy)

중앙은행이 통화량과 금리를 조절하여 물가 안정과 경제성장을 도모하는 정책이다. 중앙은행은 통화정책을 통해 경제 전반의 유동성과 신용 상황을 관리한다.

한 국가의 중앙은행이 통화정책을 통해 금리를 인하했다고 가정해 보자. 이는 대출 이자율을 낮추어 기업과 가계의 자금 조달 비용을 줄이고, 소비와 투자를 촉진한다. 결과적으로 경제 성장을 도모할 수 있다.

 ## 경기부양책

경기 침체 시 정부가 재정지출 확대나 세금 감면 등의 방법으로 경제 활성화를 도모하는 정책이다. 정부는 경기부양책을 통해 소비와 투자를 촉진하여 경기 회복을 유도한다.

한 국가의 정부가 경기부양책을 발표했다고 가정해 보자. 이는 대규모 재정 지출, 세금 감면, 저금리 정책 등을 포함한다. 예를 들어, 정부가 소상공인을 지원하기 위해 저리 대출 프로그램을 제공하면, 이는 경기 활성화에 이바지할 수 있다.

 ## 양적완화(Quantitative Easing, QE)

중앙은행이 국채나 기업어음 등을 대규모로 구매하여 시중 유동성을 늘리는 통화정책이다. 이를 통해 금리를 낮추고 경기 침체를 극복하고자 하는 정책이다.

한 국가의 중앙은행이 양적완화 정책을 시행했다고 가정해 보자. 중앙은행은 대규모 자산 매입을 통해 시장에 유동성을 공급하고 금리를 낮춘다. 예를 들어, 국채를 대량으로 매입하여 금융 기관에 자금을 공급하면, 이는 소비와 투자를 촉진하고 경기 회복을 도울 수 있다.

 ## 중앙은행(Central Bank)

국가 경제 전반의 통화정책을 수립하고 집행하는 핵심 금융기관이다. 중앙은행은 통화량 조절, 금리 결정, 외환시장 개입 등을 통해 물가 안정과 경제성장을 도모한다.

 ## 금리인상과 인하

금리 인상(Interest Rate Hike)과 금리 인하(Interest Rate Cut)는 중앙은행이 실행하는 통화정책 수단이다.

한 국가의 중앙은행이 경제를 자극하기 위해 금리를 인하했다고 가정해 보자. 금리가 인하되면 대출 비용이 줄어들어 소비자와 기업들이 더 많은 돈을 빌려 소비와 투자를 늘릴 수 있다. 예를 들어, 미국 연방준비제도(Fed)가 금리를 0.5% 인하하면, 주택담보대출 이자율이 낮아져 주택 구매가 증가할 수 있다.

 ## 경기침체와 불황

경기침체(Recession)와 불황(Depression)은 경제 상황을 나타내는 용어이다.

경기침체는 일정 기간 경제 성장률이 낮아지고, 실업률이 상승하며, 소비와 투자가 감소하는 상황을 의미한다. 이는 일시적인 경기 둔화로, 경제가 다시 회복될 수 있다.

불황은 경기침체가 장기화하여 경제 전반이 심각하게 침체한 상황을 말한다. 실업률이 높아지고, 기업 파산이 늘어나며, 전반적인 경제 활동이 크게 위축되는 특징이 있다.

한 국가가 경기침체에 들어섰다고 가정해 보자. 경제 성장률이 연속적으로 하락하고, 실업률이 증가하며, 소비와 투자가 줄어드는 상황이다. 예를 들어, 글로벌 금융 위기 동안 여러 국가들이 경기침체를 겪었으며, 이는 소비자 신뢰와 기업 활동을 많이 감소시켰다.

 ## 재정 절벽(Fiscal Cliff)

정부의 재정 정책 실패로 인해 급격한 재정 적자 증가와 경제 위기를 초래할 수 있는 상황을 의미한다.

한 국가의 정부가 재정 절벽에 직면했다고 가정해 보자. 예산 협상이 실패하여 세금 인상과 정부 지출 삭감이 동시에 발생하게 된다. 이는 경제 활동을 급격히 둔화시키고 실업률을 증가시킬 수 있다. 예를 들어, 미국에서 2012년에 발생한 재정 절벽 위기는 경제 전반에 큰 영향을 미쳤다.

 ## 사물인터넷(Internet of Things, IoT)

인터넷을 통해 서로 연결되어 데이터를 주고받는 물리적 장치들의 네트워크를 의미한다.

한 가정에서 스마트 홈 시스템을 구축했다고 가정해 보자. IoT 기술을 사용하여 스마트 온도 조절기, 스마트 조명, 스마트 냉장고 등이 인터넷을 통해 연결되고 제어된다. 예를 들어, 스마트폰 앱을 통해 집 안의 온도와 조명을 원격으로 조절할 수 있다.

 ## 글로벌화(Globalization)

국가 간 경제, 문화, 정치, 사회적 상호의존과 통합이 심화되는 현상이다. 한 국가의 기업이 해외 시장으로 진출했다고 가정해 보자. 이 기업은 생산 비용을 줄이기 위해 해외 공장을 설립하고, 글로벌 시장에서 제품을 판매하여 수익을 창출한다. 예를 들어, 애플이 중국에 생산 공장을 두고 전 세계에 아이폰을 판매하는 것과 같다.

 ## 자유무역협정(Free Trade Agreement, FTA)

국가 간 관세와 무역장벽을 낮추거나 제거하여 상품, 서비스, 자본의 자유로운 교역을 촉진하는 협정이다.

두 국가가 자유무역협정을 체결했다고 가정해 보자. 이는 관세를 줄이고 무역 장벽을 제거하여 양국 간의 상품과 서비스 교역을 촉진한다. 예를 들어, 한-미 자유무역협정(FTA)은 한국과 미국 간의 무역을 증진시켰다.

 ## 보호무역주의(Protectionism)

국내 산업을 보호하고자 수입을 제한하거나 장벽을 세우는 정책이다.

한 국가가 자국 산업을 보호하기 위해 높은 관세를 부과했다고 가정해 보자. 이는 수입품의 가격을 인상하여 국내 산업을 보호하려는 조치이다. 예를 들어, 미국이 중국산 제품에 높은 관세를 부과하여 자국의 제조업을 보호하려는 경우가 있다.

 ## 환율조작국(Currency Manipulator)

자국 통화 가치를 인위적으로 낮추어 수출 경쟁력을 높이고 무역 흑자를
누리려는 국가를 지칭하는 용어이다.

한 국가가 자국 통화 가치를 인위적으로 낮추어 수출 경쟁력을 높이려고
했다고 가정해 보자. 이는 환율조작국으로 지정될 수 있는 상황이다. 예
를 들어, 미국이 중국을 환율조작국으로 지정한 사례가 있다.

 ## 무역전쟁(Trade War)

국가 간 무역 갈등이 심화하여 상호 보복 관세 부과 등 강경한 조치로 이
어지는 상황을 말한다.

두 국가가 서로에 대해 높은 관세를 부과하여 무역전쟁이 발생했다고 가
정해 보자. 이는 수출입 비용을 증가시키고 글로벌 무역에 부정적인 영향
을 미친다. 예를 들어, 미국과 중국 간의 무역전쟁은 두 국가의 경제에 큰
영향을 미쳤다.

 ## 브렉시트(Brexit)

브렉시트는 "British Exit"의 줄임말로, 영국이 유럽연합(EU)에서 탈퇴하
는 과정을 의미한다. 이 용어는 2016년 6월 23일 영국에서 실시된 국민
투표에서 시작되었으며, 그 결과 영국 국민의 51.9%가 EU 탈퇴에 찬성하
였다. 2020년 1월 31일, 영국은 공식적으로 EU를 탈퇴하였다.

영국이 유럽연합EU을 탈퇴한 브렉시트를 가정해 보자. 이는 영국과 EU

 경제기사를 읽으면 미래가 보인다

간의 무역, 여행, 규제 등에 큰 변화를 초래하였다. 예를 들어, 영국 기업들이 EU 시장에 접근하는 데 새로운 관세와 규제를 직면하게 되었다.

국제통화기금(International Monetary Fund, IMF)

1944년에 설립된 국제 금융 기관으로, 회원국들의 금융 안정성, 경제 성장, 무역 촉진을 위해 설립되었다. IMF의 주요 목적은 국제 통화 협력을 촉진하고, 외환 안정성을 유지하며, 회원국들이 경제적 어려움을 겪을 때 재정 지원을 제공하는 것이다.

IMF의 역할을 설명하는 간단한 예를 들어보자. 만약 한 국가가 외환 위기를 겪고 있어 외화 부족으로 인해 수입품 대금을 지급하지 못하게 된다면, 이 국가는 IMF에 도움을 요청할 수 있다. IMF는 이 국가에 재정 지원을 제공하여 외화 부족 문제를 해결할 수 있도록 돕고, 동시에 경제 구조 조정을 통해 장기적으로 안정된 경제 성장을 이룰 수 있도록 정책 자문을 제공한다.

세계무역기구(World Trade Organization, WTO)

국제 무역을 규제하고 촉진하기 위해 1995년에 설립된 국제기구이다. 주요 목적은 회원국 간의 무역 장벽을 줄이고, 무역 분쟁을 해결하며, 공정하고 자유로운 무역 환경을 조성하는 것이다. WTO는 현재 164개의 회원국이 있으며, 글로벌 무역 규칙을 설정하고 감독하는 역할을 한다.

한 국가가 WTO에 제소하여 무역 분쟁을 해결했다고 가정해 보자. 예를 들어, 미국이 중국의 지식재산권 침해를 이유로 WTO에 제소하면, WTO는 이 문제를 조사하고 중재하여 공정한 해결책을 모색할 수 있다.

정보통신기술(Information and Communication Technology, ICT)

컴퓨터, 네트워크, 통신 기기 및 소프트웨어를 포함하여 정보를 생성, 저장, 처리, 전송하는 모든 기술을 의미한다. ICT는 현대 사회에서 중요한 역할을 하며, 교육, 의료, 금융, 정부 등 다양한 분야에서 활용되고 있다. 한 학교가 ICT를 활용하여 온라인 교육 프로그램을 도입했다고 가정해 보자. 학생들은 인터넷을 통해 수업에 참여하고, 교사는 디지털 플랫폼을 통해 과제를 제출받고 피드백을 제공할 수 있다. 이는 교육의 접근성과 효율성을 크게 향상한다.

 ## 전기차와 배터리 산업(Electric Vehicles and Battery Industry)

전기 에너지를 이용하여 구동되는 차량과 이를 위한 배터리 기술을 포함한다. 전기차는 내연기관 차량에 비해 환경에 미치는 영향이 적으며, 배터리 산업은 이러한 전기차의 핵심 기술로서 중요한 역할을 한다.
한 자동차 회사가 전기차를 출시했다고 가정해 보자. 이 회사는 리튬이온 배터리를 사용하여 주행 거리를 늘리고, 충전 시간을 단축하여 소비자들의 편의를 높인다. 예를 들어, 테슬라가 전기차 모델을 출시하고, 자사 배터리 기술을 지속적으로 개선하는 경우가 있다.

 ## 바이오테크놀로지(Biotechnology)

생물학적 시스템, 생명체, 또는 그 파생물을 이용하여 제품이나 기술을 개발하는 과학 기술 분야를 의미한다. 이는 의약품, 농업, 환경 보호 등 다양한 분야에서 활용되며, 인간의 삶의 질을 향상하는 데 중요한 역할

  경제기사를 읽으면 미래가 보인다

을 한다.

한 제약회사가 바이오테크놀로지를 이용하여 새로운 백신을 개발했다고 가정해 보자. 이 회사는 유전자 조작 기술을 활용하여 효과적이고 안전한 백신을 생산한다. 예를 들어, 화이자가 mRNA 기술을 이용하여 코로나19 백신을 개발한 사례가 있다.

 ## 스마트시티(Smart City)

정보통신기술(ICT)을 활용하여 도시의 다양한 기능을 효율적으로 관리하고, 시민들의 삶의 질을 향상하는 도시를 의미한다. 이는 교통, 에너지, 공공 안전, 환경 모니터링 등 여러 분야에서 스마트 기술을 도입하여 도시 운영을 최적화하는 것이다.

한 도시가 교통 혼잡을 줄이기 위해 스마트 교통 시스템을 도입했다고 가정해 보자. 이 시스템은 실시간 교통 데이터를 수집하고 분석하여 최적의 교통 신호를 제공하고, 교통 흐름을 개선한다. 예를 들어, 서울시는 스마트 교통 시스템을 통해 교통 체증을 줄이고 있다.

 ## 그린에너지와 신재생에너지(Green Energy and Renewable Energy)

환경에 미치는 영향을 최소화하면서 지속 가능하게 생산되는 에너지를 의미한다. 이는 태양광, 풍력, 수력, 지열, 바이오매스 등을 포함한다.

한 국가가 탄소 배출을 줄이기 위해 태양광 발전소를 건설했다고 가정해 보자. 이 발전소는 태양 에너지를 활용하여 전기를 생산하고, 화석 연료 사용을 줄이는 데 이바지한다. 예를 들어, 독일은 태양광과 풍력 등 신재생에너지의 비중을 크게 늘리고 있다.

제조업과 스마트 팩토리(Manufacturing and Smart Factory)

IoT, AI, 빅데이터 등 첨단 기술을 활용하여 생산 공정을 자동화하고 최적화하는 제조업의 새로운 패러다임을 의미한다. 이는 생산 효율성을 높이고, 품질을 개선하며, 비용을 절감할 수 있다.

한 제조업체가 스마트 팩토리를 도입하여 생산 라인을 자동화했다고 가정해 보자. IoT 센서와 AI 알고리즘을 통해 실시간으로 데이터를 분석하고, 기계 고장 예측 및 예방 유지보수를 실시한다. 예를 들어, 삼성전자는 스마트 팩토리를 통해 생산성을 극대화하고 있다.

 ## 금융 테크놀로지(핀테크, FinTech)

정보기술을 활용하여 금융 서비스를 혁신하고 개선하는 기술을 의미한다. 이는 모바일 결제, 온라인 뱅킹, 블록체인, 로보 어드바이저 등 다양한 서비스를 포함한다.

한 핀테크 스타트업이 모바일 결제 앱을 출시했다고 가정해 보자. 사용자는 이 앱을 통해 스마트폰으로 간편하게 결제하고, 금융 거래를 관리할 수 있다. 예를 들어, 중국의 알리페이와 미국의 페이팔이 대표적인 핀테크 기업이다.

 ## 기업 인수합병(M&A, Mergers and Acquisitions)

한 기업이 다른 기업을 인수하거나 두 기업이 합병하여 하나의 기업으로 통합되는 과정을 의미한다. 이는 기업의 규모를 확대하고, 시장 지배력을 강화하며, 시너지 효과를 창출하는 전략이다.

  경제기사를 읽으면 미래가 보인다

한 대형 기술 기업이 소규모 스타트업을 인수했다고 가정해 보자. 이 인수를 통해 대형 기업은 스타트업의 혁신적인 기술을 확보하고, 시장 경쟁력을 강화할 수 있다. 예를 들어, 페이스북이 인스타그램을 인수한 사례가 있다.

 ## 경영권 분쟁(Management Disputes)

기업의 경영권을 둘러싸고 주주, 이사회, 경영진 간에 발생하는 갈등을 의미한다. 이는 주로 경영진의 교체, 전략적 방향, 지배 구조에 대한 의견 차이에서 발생할 수 있다.

한 대형 기업의 창업주와 경영진이 경영 방침을 둘러싸고 갈등을 빚고 있다고 가정해 보자. 창업주는 회사의 장기적 성장을 위해 투자 확대를 주장하는 반면, 경영진은 단기적 수익성을 중시하여 비용 절감을 추진하려 한다. 이러한 갈등이 심화하여 경영권 분쟁이 발생할 수 있다.

 ## 주주총회(Shareholders' Meeting)

기업의 주요 결정을 내리기 위해 주주들이 모여 개최하는 회의를 의미한다. 정기 주주총회와 임시 주주총회가 있으며, 주요 안건으로는 이사 선임, 배당금 결정, 회계 감사 보고 등이 있다.

한 기업이 연례 주주총회를 개최하여 이사회를 선출하고, 배당금 지급 여부를 결정한다고 가정해 보자. 주주들은 회의에 참석하거나 위임장을 통해 의결권을 행사할 수 있다.

기업 지배구조(Corporate Governance)

기업의 의사 결정 구조와 절차를 의미하며, 이사회, 경영진, 주주 간의 권리와 책임을 규정한다. 이는 기업의 투명성과 책임성을 높이고, 주주 가치를 극대화하는 데 중요한 역할을 한다.

 ## 리스크 관리(Risk Management)

기업이 직면할 수 있는 다양한 위험을 식별, 평가, 대응하는 과정을 의미한다. 이는 재무, 운영, 법적, 시장 위험 등을 포함하며, 기업의 안정성과 지속 가능성을 높이는 데 중요한 역할을 한다.

한 제조업체가 공급망 중단의 위험을 관리하기 위해 다중 공급업체 전략을 도입했다고 가정해 보자. 이를 통해 특정 공급업체의 문제가 발생해도 생산 차질을 최소화할 수 있다.

 ## 기업 공시(Corporate Disclosure)

기업이 주주와 투자자에게 중요한 정보를 공개하는 절차를 의미한다. 이는 재무 상태, 경영 성과, 주요 사건 등을 포함하며, 투명성과 신뢰성을 높이는 데 중요하다.

한 상장 기업이 분기별 실적을 발표하고, 주요 경영 변화를 공시한다고 가정해 보자. 이는 투자자들이 기업의 상태를 파악하고, 합리적인 투자 결정을 내릴 수 있도록 돕는다.

SRI(Socially Responsible Investing)

재정적 수익뿐만 아니라 사회적, 환경적, 윤리적 영향을 고려하여 투자하는 방식입니다. 이는 환경 보호, 인권, 노동 조건 등의 사회적 책임 요소를 반영하여 투자 포트폴리오를 구성합니다.

스타트업과 벤처캐피탈(Startups and Venture Capital)

혁신적인 아이디어를 가진 신생 기업(스타트업)과 이들에 초기 자금을 투자하는 벤처캐피탈을 의미한다. 벤처캐피탈은 스타트업의 성장을 돕고, 성공 시 높은 수익을 기대하는 투자 형태이다.

한 스타트업이 혁신적인 모바일 앱을 개발하고, 이를 상용화하기 위해 벤처캐피탈로부터 초기 자금을 유치했다고 가정해 보자. 벤처캐피탈은 자금뿐 아니라 경영 자문과 네트워킹 기회를 제공하여 스타트업의 성공 가능성을 높인다.

빅데이터(Big Data)

방대한 양의 데이터로, 구조화된 데이터와 비구조화된 데이터를 모두 포함하며, 그 규모와 복잡성으로 인해 기존의 데이터 처리 방법으로는 다루기 어려운 데이터를 의미한다. 빅데이터는 분석을 통해 유의미한 정보를 도출하고, 이를 기반으로 의사 결정을 개선하는 데 중요한 역할을 한다.

한 소매업체가 고객의 구매 패턴을 분석하기 위해 빅데이터를 활용한다고 가정해 보자. 이 업체는 매일 수천 건의 거래 데이터를 수집하고, 이를 분석하여 고객의 선호도를 파악하고 맞춤형 마케팅 전략을 개발한다. 예를 들어, 아마존은 고객의 구매 이력을 분석하여 개인화된 상품 추천 서비스를 제공하고 있다.

블록체인(Blockchain)

분산형 데이터베이스 기술로, 여러 참여자가 동시에 접근할 수 있으며, 데이터가 변경되거나 삭제되지 않도록 보장하는 특징을 가지고 있다. 블록체인은 거래 내역을 안전하게 기록하고, 투명성과 신뢰성을 높이는 데 사용된다.

한 금융기관이 국제 송금 서비스를 개선하기 위해 블록체인 기술을 도입했다고 가정해 보자. 이 금융기관은 블록체인을 사용하여 거래를 실시간으로 기록하고, 중개자 없이 안전하게 송금을 처리할 수 있다. 예를 들어, 리플(Ripple)은 블록체인 기술을 활용하여 국제 송금을 빠르고 저렴하게 처리하는 플랫폼을 제공하고 있다.

기회비용(Opportunity Cost)

특정 선택을 할 때 포기해야 하는 다른 선택의 가치를 의미한다. 이는 자원(시간, 돈, 노력 등)의 한정된 상황에서 제일 나은 선택을 하기 위해 고려해야 할 중요한 경제 개념이다. 기회비용은 선택의 대가를 이해하고, 더 나은 결정을 내리는 데 도움을 준다.

한 학생이 방학 동안 아르바이트를 할지 인턴십을 할지 고민하고 있다고 가정해 보자. 아르바이트를 하면 100만 원의 수입을 얻을 수 있지만, 인턴십을 하면 경력에 도움이 되는 경험을 쌓을 수 있다. 이때 인턴십을 선택한다면, 아르바이트로 벌 수 있었던 100만 원이 기회비용이 된다.

기축통화(Reserve Currency)

국제 무역과 금융 거래에서 널리 사용되며, 중앙은행이 외화 보유액으로 보유하는 통화를 의미한다. 기축통화는 세계 경제에서 안정성과 신뢰성을 제공하며, 국제 거래의 편리성을 높인다.

미국 달러(USD)는 대표적인 기축통화로, 많은 국가가 외환 보유액으로 달러를 보유하고 있다. 예를 들어, 한국의 중앙은행인 한국은행은 외화 보유액의 상당 부분을 미국 달러로 보유하여 국제 거래와 금융 안정을 유지하고 있다.

 ## 레버리지(Leverage)

자본을 차입하여 투자를 확대하고, 잠재적인 수익을 극대화하는 금융 전략을 의미한다. 이는 적은 자본으로 큰 투자 효과를 얻을 수 있지만, 동시에 손실 위험도 커질 수 있다.

한 투자자가 주식 투자에서 레버리지를 사용한다고 가정해 보자. 이 투자자는 1,000만 원의 자본을 가지고 있지만, 2,000만 원을 추가로 차입하여 총 3,000만 원을 투자한다. 주식 가격이 상승하면 수익이 많이 늘어나지만, 주식 가격이 하락하면 차입금에 대한 이자와 함께 큰 손실을 볼 위험도 있다.

 ## 헤어컷(Haircut)

금융 시장에서 자산의 가치 평가 시 적용되는 할인율을 의미한다. 이는 대출 담보나 채권 등의 자산 가치가 변동할 수 있는 위험을 반영하기 위해 사용된다. 헤어컷은 자산의 실제 시장 가치보다 낮은 가치를 적용하여 리스크를 관리하는 데 도움을 준다.

한 은행이 대출을 제공할 때, 담보로 주택을 받아들이기로 했다고 가정해 보자. 주택의 시장 가치가 1억 원이라면, 은행은 시장 변동성에 따른 위험을 고려하여 20%의 헤어컷을 적용하여 담보 가치를 8,000만 원으로 평가할 수 있다. 이는 대출 리스크를 줄이는 데 도움이 된다.

디커플링(Decoupling)

두 개 이상의 경제 지표나 시장이 이전에 강하게 연관되어 있던 상태에서 분리되는 현상을 의미한다. 이는 경제 성장, 주가, 통화 가치 등의 변화가 서로 다른 방향으로 움직일 때 발생할 수 있다.

한 국가의 경제 성장률이 증가하는 동안 주식 시장이 하락한다고 가정해 보자. 보통 경제 성장과 주식 시장은 같은 방향으로 움직이지만, 이러한 상황에서는 디커플링이 발생했다고 볼 수 있다. 예를 들어, 중국의 경제 성장률이 높지만, 미국과의 무역 분쟁으로 인해 중국 주식 시장이 하락하는 경우가 있다.

골디락스 경제(Goldilocks Economy)

경제가 과열되지도 않고 침체하지도 않은, 적절한 성장과 낮은 인플레이션을 유지하는 이상적인 상태를 의미한다. 이 용어는 동화 '골디락스와 곰 세 마리'에서 골디락스가 너무 뜨겁지도 차갑지도 않은 '딱 좋은' 죽을 찾는 이야기에서 유래했다.

한 국가가 적절한 경제 성장률과 낮은 인플레이션을 유지하고 있다고 가정해 보자. 이 국가는 실업률이 낮고, 물가가 안정되어 있으며, 경제가 균형 잡힌 상태를 유지하고 있다. 예를 들어, 1990년대 후반 미국 경제는 안정된 성장과 낮은 인플레이션으로 골디락스 경제를 경험한 것으로 평가된다.

 신데렐라 전략(Cinderella Strategy)

투자자가 실적 기대감 사이클에서 절정에 이르기 전에 시장을 빠져나오는 전략을 의미한다. 이는 동화 속 신데렐라가 자정(12시)이 되기 전에 파티를 떠나는 것에서 유래한 용어로, 번스타인의 투자 시계에서 실적 기대감이 최고조에 달하기 전에 투자에서 빠져나와 수익을 실현하는 전략이다.

한 투자자가 기술주의 급등을 예상하고 투자했다고 가정해 보자. 기술주가 급등하는 시점에서 투자자는 최고가를 기대하며 계속 보유하는 대신, 자정(실적 발표) 직전에 매도하여 이미 확보한 수익을 실현하는 것이다. 이는 갑작스러운 하락 리스크를 회피하고 안정적인 수익을 보장하려는 전략이다.

 바벨 전략(Barbell Strategy)

투자 포트폴리오를 안전 자산과 고위험 고수익 자산으로, 극단적으로 나누는 전략이다. 이를 통해 포트폴리오의 일부는 안전하게 유지하면서, 나머지 일부는 높은 수익을 추구할 수 있다.

한 투자자가 포트폴리오의 절반은 국채와 같은 안전 자산에 투자하고, 나머지 절반은 주식이나 고수익 채권과 같은 고위험 자산에 투자한다고 가정해 보자. 이를 통해 안정성과 수익성을 동시에 추구할 수 있다.

슬럼프 플레이션(Slumpflation)

경기 침체와 인플레이션이 동시에 발생하는 경제 현상을 의미한다. 이는 경제 활동이 위축되면서도 물가가 상승하는 상황으로, 매우 어려운 경제 환경을 나타낸다.

한 국가가 슬럼프 플레이션을 겪고 있다고 가정해 보자. 경제 성장률은 하락하고 실업률은 증가하는데도 불구하고, 생활 필수품의 가격은 급등하고 있다. 예를 들어, 석유 가격 상승으로 인한 물가 상승이 있지만, 전체 경제는 침체 상태에 빠져있는 경우가 있다.

 붉은 여왕 효과(Red Queen Effect)

진화 생물학 및 경영학에서 사용되는 용어로, 경쟁 환경에서 생존하기 위해 지속적으로 노력하고 진화해야 하는 상황을 설명한다. 이 용어는 루이스 캐럴의 동화 '거울 나라의 앨리스'에서 붉은 여왕이 앨리스에게 "여기서는 힘껏 달려야 제자리에 있을 수 있다"라고 말하는 장면에서 유래했다. 이는 경쟁이 치열한 환경에서 꾸준히 노력하지 않으면 뒤처지게 된다는 의미를 담고 있다.

한 기술 회사가 시장에서 살아남기 위해 지속적으로 연구 개발에 투자한다고 가정해 보자. 경쟁사들도 끊임없이 새로운 기술을 개발하고 있으므로, 이 회사는 기술 개발을 멈추지 않고 계속해서 혁신을 이뤄야만 시장에서 경쟁력을 유지할 수 있다.

FAST(Free Ad-Supported Streaming TV) 플랫폼

플랫폼은 광고 기반의 무료 스트리밍 서비스로, 시청자들이 광고를 보는 대신 무료로 콘텐츠를 시청할 수 있는 시스템을 제공한다. 이는 구독형 스트리밍 서비스와 달리, 광고 수익을 통해 운영된다.

한 시청자가 FAST 플랫폼을 통해 최신 영화를 무료로 시청한다고 가정해 보자. 그는 영화 도중에 몇 차례 광고를 시청해야 하지만, 별도의 구독료 없이 다양한 콘텐츠를 즐길 수 있다. 예를 들어, 플루토 TVPluto TV는 대표적인 FAST 플랫폼이다.

 ## 캐즘(Chasm)

신기술이나 신제품이 초기 수용자(early adopters)에서 대중 시장으로 확산되는 과정에서 겪는 큰 격차나 어려움을 의미한다. 이는 제프리 무어의 '캐즘 이론'에서 유래한 용어로, 기술 수용 주기에서 초기 시장과 주류 시장 사이의 단절을 설명한다.

한 스타트업이 혁신적인 스마트홈 기기를 출시했다고 가정해 보자. 초기 수용자들은 이 제품을 빠르게 받아들이지만, 대중 시장으로 확산하기 위해서는 제품의 신뢰성, 가격 경쟁력, 유통망 확대 등의 추가적인 전략이 필요하다. 이 과정에서 발생하는 어려움이 캐즘이다.

성공적인 투자를 위한 경제기사 활용법

경제기사를 읽으면 미래가 보인다

초판 1쇄 인쇄 2024년 8월 10일
초판 1쇄 발행 2024년 8월 15일

지은이 백미르
펴낸이 백광석
펴낸곳 다온길

출판등록 2018년 10월 23일 제2018-000064호
전자우편 baik73@gmail.com

ISBN 979-11-6508-590-2 (13320)